"十三五"科学技术专著丛书

车联网技术与应用

杨燕玲　周海军　编著

北京邮电大学出版社
www.buptpress.com

内 容 简 介

通信、互联网、大数据、云计算和人工智能等信息技术的飞速发展已经改变了人们的生活模式,在未来,信息技术与汽车技术的不断融合还将改变人们的出行模式。车联网技术突破汽车电子化和智能化发展的桎梏,建立以人、车、路协同的辅助驾驶和自动驾驶为核心的智能交通系统,催生了车联网时代的到来。车联网将"人、车、路、云"等交通参与要素有机地联系在一起,不仅可以支撑车辆获得比单车感知更多的信息,促进自动驾驶技术的创新和应用,还有利于构建一个智慧的交通体系,促进汽车和交通服务的新模式、新业态发展,对提高交通效率、节省资源、减少污染、降低事故发生率和改善交通管理具有重要意义。车联网必将深刻地改变人们的生活。

本书首先从车联网的概念与应用入手,介绍了车联网的典型应用场景,让读者能够对下一代车联网形成全貌认识;其次,阐述了车联网技术的应用和发展历史;再次,从技术原理和实现的角度,介绍了DSRC技术和LTE-V2X技术;最后,结合实际车联网产业的进程,系统地介绍了车联网在国内外的产业化,以及示范应用情况。全书在全面系统地介绍车联网概念的基础上,旨在以浅显易懂的语言向读者构建一个车联网从概念、技术到应用的知识体系。

图书在版编目(CIP)数据

车联网技术与应用 / 杨燕玲,周海军编著. -- 北京:北京邮电大学出版社,2019.8(2023.8重印)
ISBN 978-7-5635-5792-9

Ⅰ. ①车… Ⅱ. ①杨… ②周… Ⅲ. ①互联网络—应用—汽车②智能技术—应用—汽车 Ⅳ. ①U46-39

中国版本图书馆 CIP 数据核字(2019)第 157932 号

书　　名:	车联网技术与应用
作　　者:	杨燕玲　周海军
责任编辑:	徐振华　付兆玲
出版发行:	北京邮电大学出版社
社　　址:	北京市海淀区西土城路 10 号(邮编:100876)
发 行 部:	电话:010-62282185　传真:010-62283578
E-mail:	publish@bupt.edu.cn
经　　销:	各地新华书店
印　　刷:	北京虎彩文化传播有限公司
开　　本:	787 mm×1 092 mm　1/16
印　　张:	9.5
字　　数:	231 千字
版　　次:	2019 年 8 月第 1 版　2023 年 8 月第 6 次印刷

ISBN 978-7-5635-5792-9　　　　　　　　　　　　　　　　　　　　　定　价:36.00 元

· 如有印装质量问题,请与北京邮电大学出版社发行部联系 ·

前　言

通信、互联网、大数据、云计算和人工智能等新型信息与通信技术飞速发展，技术大潮汹涌而至，推动百年汽车产业随之变革。汽车自诞生以来，伴随工业发展的步伐，从最初作为解决人们交通出行和货物运输效率提高的工具，不断进步和升级换代，向电子化、智能化，特别是伴随着互联网技术发展而来的网联化方向发展。汽车的电子化是系统论和控制论在汽车工业的应用，使得汽车由单纯的机械产品向高级的机电一体化电子控制系统产品方向发展；汽车的智能化将人工智能技术应用于汽车，让机器来代替驾驶员完成对汽车的操作与控制，推动自动驾驶的发展；汽车的网联化则是物联网在汽车与交通中的应用，将交通数据信息进行协同和共享，解决了智能化中感知数据不足，以及驾驶决策的依据不够全面等问题。

车联网正是汽车智能化和网联化结合的产物。通过将人工智能技术与现代通信技术结合以实现车与人、车与车、车与路以及车与云之间的数据及信息交换，车联网使汽车不单单只是一种交通工具，而是一个联网的可行走的智能终端，可实现车载信息服务、车辆数据信息服务和车辆自动驾驶等车联网业务及应用。车联网带来了汽车产业的转型升级，正在深刻地改变人类的生活方式和思维方式。车联网技术已经突破了汽车行业的范畴，成为涉及汽车、通信和互联网等多学科领域的综合体系。

车联网产业模式的变革也催生了很多应用场景，如信息服务典型应用、交通安全典型应用、交通效率典型应用和自动驾驶典型应用等。可以通过在车辆之间、车辆和路侧设施以及车辆与交通管理平台之间进行实时、高效的信息交互，实现交通智能化，避免因司机驾驶能力差、感知能力不足和反应速度慢等问题造成的交通事故；通过感知设备和路网信息获知前方道路信息，选择拥堵躲避路线；同时，通过合理的驾驶行为有效降低车辆油耗，从而达到降低排放的目的。

车联网是以车内网、车际网和车云网为基础，按照约定的通信协议和数据交互标准，在车与车、车与路、车与行人之间，进行无线通信和信息交换的大系统网络。其中，基于专用短距离通信技术 DSRC 技术和 LTE-V2X 技术构建的实现车与车和车与路侧设施之间中短程距离通信的动态网络，以及车载终端通过蜂窝移动通信技术与 Internet 或云端进行远程无线连接的网络，是解决支持各种终端以及终端和网络之间的数据及信息交换，实现各种车联网应用的计算依据,这是车联网技术的关键。

车联网作为汽车产业革命变革的方向,是我国抢占汽车产业未来战略的制高点,也是推动国家汽车产业转型升级,由大变强的重要突破口。因此,车联网对我国汽车行业的发展以及制造业强国的打造具有重大战略意义。我国经过40年的改革开放,在芯片、通信协议、网络管理、协同处理和智能计算等领域中的技术积累,成为推动车联网技术发展的基础。但是也应该看到,在汽车控制系统、高级传感器和道路基础设施等方面,我国还与传统汽车大国存在差距。车联网给我们创造了巨大的历史机遇的同时也带来了挑战,需要我们在国家战略、标准化制定、研发投入和跨部门跨行业协同机制等方面进一步努力。

本书首先从车联网的概念与应用入手,介绍了车联网的典型应用场景,使读者能够对下一代车联网形成全面认识;其次,阐述了车联网技术的应用和发展历史;再次,从技术原理和实现的角度,介绍了DSRC技术和LTE-V2X技术;最后,结合实际车联网产业的进程,系统地介绍了车联网在国内外的产业化,以及示范应用情况。全书在全面系统地介绍车联网概念的基础上,旨在以浅显易懂的语言向读者构建一个车联网从概念、技术到应用的知识体系。笔者希望通过本书的介绍及论述,让更多的人了解车联网的概念、作用和未来,迎接人类智能出行的到来。

目 录

第1章 车联网是什么 ………………………………………………………… 1
1.1 车联网的概念与应用 ………………………………………………… 1
1.1.1 工业革命和汽车的起源 …………………………………………… 1
1.1.2 自动驾驶的幻想和发展 …………………………………………… 7
1.1.3 车联网概念和技术体系 …………………………………………… 11
1.1.4 车联网的应用和未来发展 ………………………………………… 13
1.2 智能网联的概念与应用 ……………………………………………… 15
1.2.1 智能网联的概念 …………………………………………………… 15
1.2.2 智能网联的应用 …………………………………………………… 19
1.3 传感器的概念与作用 ………………………………………………… 21
1.3.1 传感器的定义 ……………………………………………………… 21
1.3.2 传统车载传感器及其作用 ………………………………………… 22
1.3.3 传感器在自动驾驶中的作用 ……………………………………… 24

第2章 车联网的应用 ………………………………………………………… 33
2.1 信息服务典型应用场景 ……………………………………………… 33
2.1.1 紧急呼叫服务 ……………………………………………………… 34
2.1.2 车载通信服务 ……………………………………………………… 34
2.1.3 车载信息娱乐服务 ………………………………………………… 35
2.1.4 汽车导航服务 ……………………………………………………… 36
2.1.5 商业运输管理服务 ………………………………………………… 37
2.1.6 信息公告服务 ……………………………………………………… 38
2.1.7 停车信息服务 ……………………………………………………… 38
2.1.8 费用支付服务 ……………………………………………………… 39
2.2 交通安全典型应用场景 ……………………………………………… 40
2.2.1 协同驾驶防碰撞应用 ……………………………………………… 40
2.2.2 十字路口闯红灯警告应用 ………………………………………… 40
2.2.3 车道变更警告应用 ………………………………………………… 40
2.2.4 高速追尾预警应用 ………………………………………………… 40
2.2.5 应急车辆事故应答应用 …………………………………………… 41
2.2.6 车辆安全警告应用 ………………………………………………… 41

2.2.7 交通标志提醒应用·· 42
2.3 交通效率典型应用场景··· 43
　　2.3.1 驾驶风险预测·· 43
　　2.3.2 交通拥堵警告·· 44
　　2.3.3 智能交通信号控制·· 44
　　2.3.4 动态路径规划·· 44
　　2.3.5 道路管理应用·· 45
2.4 自动驾驶典型应用场景··· 45
　　2.4.1 自动驾驶通勤出行·· 46
　　2.4.2 智能物流配送·· 46
　　2.4.3 智能环卫·· 48
　　2.4.4 无人驾驶·· 49

第3章 车联网的前世今生 ·· 51

3.1 车联网的发展历程··· 51
　　3.1.1 智能交通系统·· 51
　　3.1.2 物联网与车联网·· 55
　　3.1.3 汽车的智能化·· 58
　　3.1.4 汽车的网联化·· 59
　　3.1.5 智能网联汽车·· 62
3.2 国际车联网发展规划··· 64
　　3.2.1 美国车联网的发展规划·· 65
　　3.2.2 欧盟车联网的发展规划·· 67
　　3.2.3 日本车联网的发展规划·· 69
3.3 国内车联网发展基础与现状··· 71
　　3.3.1 国内车联网发展基础·· 71
　　3.3.2 国内车联网发展现状·· 72
　　3.3.3 国内车联网发展政策·· 76
　　3.3.4 国内车联网发展趋势·· 78

第4章 车联网的关键技术 ·· 80

4.1 车联网的构成··· 80
　　4.1.1 车内网·· 80
　　4.1.2 车际网·· 81
　　4.1.3 车云网·· 82
4.2 V2X的优势和发展··· 83
　　4.2.1 V2X的优势·· 83
　　4.2.2 V2X的应用场景·· 85
　　4.2.3 V2X的发展预测·· 87

    4.3 DSRC 关键技术 ·· 88
        4.3.1 DSRC 通信模式 ·· 89
        4.3.2 DSRC 帧结构 ·· 90
        4.3.3 DSRC 物理层关键过程 ·· 91
        4.3.4 DSRC 的资源调度 ·· 96
        4.3.5 DSRC 的拥塞控制 ·· 97
        4.3.6 DSRC 的通信安全 ·· 98
    4.4 LTE-V2X 关键技术 ·· 100
        4.4.1 LTE-V2X 的通信模式 ·· 100
        4.4.2 LTE-V2X 的帧结构 ·· 101
        4.4.3 LTE-V2X 的物理信道 ·· 103
        4.4.4 LTE-V2X 的物理层关键过程 ·································· 104
        4.4.5 LTE-V2X 的同步过程 ·· 105
        4.4.6 LTE-V2X 的资源调度 ·· 108
        4.4.7 LTE-V2X 的拥塞控制 ·· 117
        4.4.8 LTE-V2X 的通信安全 ·· 119

第 5 章 车联网的示范应用 ·· 121

    5.1 国外组织的车联网示范应用 ······································ 121
        5.1.1 美国网联汽车示范应用 ······································ 121
        5.1.2 欧洲协作式智能交通 C-ITS 示范应用 ·························· 124
        5.1.3 日本智能交通和网联驾驶示范应用 ···························· 125
    5.2 国内的车联网示范应用 ·· 126
        5.2.1 国家级应用测试基地/试点示范区 ······························ 127
        5.2.2 企业或地方自建/商业运营项目 ································ 135

后记 ·· 138

参考文献 ·· 139

第1章 车联网是什么

汽车自诞生之日起,就成为改变世界的工具。人类在享受汽车带来出行速度便利的同时,也饱受驾驶疲倦和车辆拥堵之苦。"人类应该从驾驶中脱离出来",1940年,工业设计师诺曼·贝尔·盖德斯(Norman Bel Geddes,1893—1958)就做出了这样一个在当时被认作是荒诞的设想。进入21世纪,随着人工智能技术和信息技术的发展,汽车与交通系统网联化、智能化的趋势日趋明显,这一设想正在逐步变成现实。通信、互联网、大数据、云计算和人工智能等信息技术与汽车技术的融合构成了车联网技术体系。

1.1 车联网的概念与应用

1.1.1 工业革命和汽车的起源

发源于英格兰中部地区的工业革命被认为是现代工业社会的开端。工业革命在科学发现和颠覆性技术发明的推动下,以机器取代人力,以大规模工厂化生产取代个体工场手工生产,引起了从手工劳动向动力机器生产转变的重大飞跃。工业革命的浪潮从英格兰向英国乃至整个欧洲大陆传播,19世纪传至北美,工业革命的推动力量创造了巨大生产力,改变了原来人类历史发展的进程和速度,使社会面貌发生了翻天覆地的变化。

第一次工业革命的开端以詹姆斯·哈格里夫斯(James Hargreaves,1721—1778)发明的珍妮纺纱机(Spinning Jenny)为标志(见图1-1)。珍妮纺纱机虽然仍需人力驱动,但是比旧式纺车的纺纱能力提高了8倍,大大提高了生产力。自18世纪60年代开始的第一次工业革命出现了一系列重大发明,例如,1785年詹姆斯·瓦特(James Watt,1736—1819)改良蒸汽机为"联动式蒸汽机"(见图1-2);1733年约翰·凯伊(John Kay,1704—约1764)改进织布梭子为"飞梭";1807年罗伯特·富尔顿(Robert Fulton,1765—1815)发明了蒸汽轮船(见图1-3);1825年乔治·斯蒂芬森(George Stephenson,1781—1848)发明的蒸汽机车(见图1-4)等,人类社会进入"蒸汽时代"。

工业革命的成功也不能仅仅归因于一小群发明者的作用,更重要的是18世纪后期种种有利因素的结合。纺纱方面的发明导致了织布方面的发明;新的棉纺机又提出了对动力的需要;新的棉纺机和蒸汽机需要铁、钢和煤炭供应量的增加推动了采矿和冶金术方面的一系列改进;纺织工业、采矿工业和冶金工业的发展又引起对改进过的运输工具的需要。第一次工业革命时期在交通运输方面的革命使得水上、公路和铁路各方面的运输模式都有了革命性的进步和发展。在水路方面,运河的开凿使运输费用大大下降;在公路方面,修筑铺有硬质路面、能全年承受交通道路的筑路技术的发展为提高运输速度提供了可能;在铁路方面,蒸汽机车和铁轨的结合成为长途运输的主要模式,它能够以比在公路或运河运输更快的速度和更低廉的成本运送旅客和货物。

图1-1 珍妮纺纱机模型(德国,乌珀塔尔博物馆藏品)

图1-2 联动式蒸汽机(德国,弗莱贝格博物馆藏品)

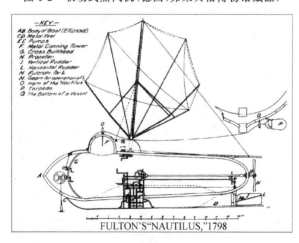

图1-3 蒸汽轮船版画

Old Killingworth Locomotlve,still in use.

图 1-4　蒸汽机车模型

第一次工业革命稳步、不懈地继续发展,其主要的发明是由于经济发展刺激所产生的,这一时期发明的成果多数由有才能的技工凭借自己丰富的工作经验和智慧完成。但是,随着技术的进步,特别是在1870年以后,自然科学研究取得重大进展,科学技术开始起到更加重要的作用,科学逐渐成为工业发展的主要推动力和重要组成部分。以此为分界,工业革命走入第二个阶段,即第二次工业革命时期。第二次工业革命以1866年德国人维尔纳·冯·西门子(Ernst Werner von Siemens,1816—1892)发明自励式直流发电机为标志(见图1-5),自此人类社会进入"电气时代"。第二次工业革命时期,电器开始用于代替机器,电力成为补充和取代蒸汽的新能源。随后,电灯、电车、电影放映机相继问世。

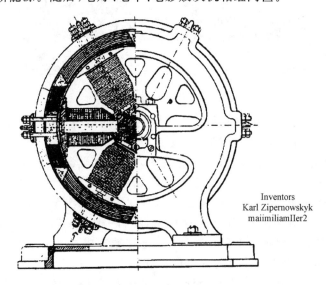

Inventors
Karl Zipernowskyk
maiimiliamIIer2

图 1-5　自励式直流发电机模型

由于人力或马力拉动的交通运输已经不能满足人们生产生活的需要,因此为了提高公路运输效率,人们做了很多尝试。蒸汽机的发展促进了蒸汽机车的发展,蒸汽成为汽车发展史中使用的第一种动力。例如，1769年，法国人N.J.居纽(Nicolas-Joseph Cugnot,1725—1804)制造了世界上第一辆蒸汽驱动的三轮汽车(见图1-6)；1825年，英国人哥而斯瓦底·嘉内(Sir Goldsworthy Gurney,1793—1875)制造了蒸汽公共汽车(见图1-7)。

图1-6 蒸汽三轮汽车实物

图1-7 蒸汽公共汽车版画

虽然在瓦特蒸汽机之后，蒸汽机得到了不断的完善，但是仍存在一些问题，如噪声、煤耗、体积大和动力不稳定等，阻碍了汽车的发展。这使人们有必要为汽车寻找新的动力技术。19世纪七八十年代，以煤气和汽油为燃料的内燃机相继诞生，内燃机的发明解决了交通工具的发动机问题。1876年，德国工程师罗斯·奥古斯特·奥托(Nikolaus August Otto,1832—1891)制造出第一台四冲程内燃机(见图1-8)，为汽车的发明奠定了基础。

1879年，德国工程师卡尔·奔驰(Karl Benz,1844—1929)首次实验成功了一台二冲程试验性发动机，并获得了相应的专利。1883年，他在德国成立了"奔驰公司和奔驰莱茵燃气发动机厂"，并获得了生产汽油机的许可证。1885年10月，卡尔·奔驰成功研制出以汽油机为动力的三轮车(见图1-9)，并于1886年1月从德国专利局获得专利，世界上第一辆真正意义的汽车诞生。汽车"Automobile"一词是借用希腊语中的Auto(自己)和拉丁语中的Mobile(会动的)构成的复合词。

图1-8 奥托的四冲程内燃机

图1-9 卡尔·奔驰的汽油三轮车

在随后的发展中,汽车从形态和性能上不断追求进步。1886年,戈特利布·戴姆勒(Gottlieb Daimler,1834—1900)秘密购买了一驾马车并将其进行改装,增加相应的转向和传动装置,安装了功率为1.1 kW的内燃机,使它成为世界上第一辆四轮汽车(见图1-10),时速达到每小时16 km。1908年,亨利·福特(Henry Ford,1863—1947)成立的福特汽车公司设计和制造出一种新型汽车——T型车(见图1-11),T型车在随后的流水生产线技术上开始了汽车大批量生产方式,汽车随之逐步走向千家万户。

汽车的发明颠覆了交通运输需要依靠人力或马力拉动的观念,激发了人类对基于汽车的交通运输和出行的需求,也派生出人类基于汽车与交通出行的相关需求,改变了人类的运输和出行模式。在随后的第三次工业革命中,工业自动控制系统得到了很大的发展,系统论和控制论在机械电子工程中得到了广泛应用。交流发电机、电压调节器、电子闪光器、电子喇叭、间歇刮水装置和电子点火装置等部件都开始逐步应用汽车电子技术,汽车电子控制系统从模拟控制系统向数字化控制系统发展,汽车从单纯的机械产品向高级的机电一体化电子控制系统产品方向发展。电子控制燃油喷射装置、防抱死系统(ABS)和安全气囊等技术都成为汽车电子的典型应用。

图1-10 戈特利布·戴姆勒改装的四轮汽车

图1-11 福特公司生产的T型车

随着汽车各系统的控制逐步向自动化和智能化转变，汽车电气系统变得日益复杂。传统的电气系统大多采用点对点的单一通信方式，相互之间少有联系，这样必然会形成庞大的布线系统。1991年9月，综合了计算机总线的技术原理，汽车控制总线技术规范（Controller Area Network，CAN）制定并发布，实现了汽车电子控制系统之间的数据传输。CAN总线的短数据结构、非破坏性总线性仲裁技术及灵活的通信方式可适应汽车的实时性和可靠性要求。

随着汽车的信息传送和数据共享需求越来越多，车载电子控制单元（Electronic Control Unit，ECU）数量的增多和传送数据的体量增大，普通的CAN网络已经无法满足需求。为满足高带宽、低延迟、音视频同步以及网络管理的需求，在民用以太网协议的基础上，改变了物理接口的电气特性，并结合车载网络的需求，电气和电子工程师协会（Institute of Electrical and Electronics Engineers，IEEE）于2016年4月专门制定了专用于连接汽车内各种电气设备的物理网络标准：车载以太网标准802.3bw。该标准名为"100BASE-T1"，用一对双绞线可以提供100 Mbit/s以太网，不仅可以实现每端口100 Mbit/s的高性能带宽，同时还可明显降低连接成本,并减轻线缆重量。

当前,通信、互联网、大数据、云计算和人工智能等新型信息与通信技术飞速发展,技术大潮汹涌而至,推动百年汽车产业随之变革,汽车的产品形态正在由单纯的交通运输工具,向移动办公、移动家居和共享出行方向发展。传统整车企业和汽车零部件提供商将在信息及通信行业开展跨行业跨企业的协同合作与融合创新,并带动工业制造的智能化和产业升级转型。

1.1.2 自动驾驶的幻想和发展

在汽车智能化技术中,自动驾驶或无人驾驶一直是人们关注的热门技术。自汽车诞生以来,由于驾驶员生理、精神等问题引起的交通事故是目前人类非正常死亡的主要原因之一,根据国家统计局数据,我国在 2017 年因交通事故死亡人数总计达到 63 772 人。一方面,自动驾驶具有前方碰撞与行人碰撞的自动紧急制动和驾驶员疲劳检测等功能,能够极大降低因人为疏忽而引起的交通事故发生率;另一方面,可以通过自动驾驶释放司机的驾驶时间,减缓因交通拥堵而产生的负面情绪,将人类从驾驶中解放出来。

自动驾驶并不是新鲜事物,早在 20 世纪初期,人类就开始了自动驾驶的尝试。1925 年,霍迪纳无线电控制公司(Houdina Radio Control Co.)就设计了一辆"无人"驾驶汽车"美国奇迹"(American Wonder),见图 1-12。"美国奇迹"其实包括两辆汽车:一辆 1926 年生产的钱德勒汽车上安装了发射天线,其后的第二辆汽车上安装了发射器。通过接收来自后部汽车的无线电信号操纵着钱德勒汽车上的小型电动机,以此对汽车的方向盘、刹车和加速器等进行控制,从而控制汽车的运动。"美国奇迹"在纽约街头从百老汇到第五大道的繁忙交通中完成了公开展示。

图 1-12 第一辆无人驾驶汽车"美国奇迹"

在诺曼•贝尔•盖德斯(Norman Bel Geddes)的设想中,自动驾驶汽车应由无线电控制,电力驱动;汽车嵌入道路中,并由电磁场提供能源。他在 1940 年出版的著作《魔法高速公路》中提出辅助驾驶的概念,设计了一个高速公路和交通系统,即在高速公路上使用自动驾驶,从公路上驶出后再使用人工驾驶。随后的半个多世纪里,这一设想虽然因外部设备成本以及路面改造的难度过大而难以在现实中实现,但是人们始终没有放弃自动驾驶的梦想。自动驾驶在各种科幻电影中大放异彩。

1991 年的电影《霹雳游侠 2000》中可防御、可进攻的 Kitt 黑色智能跑车,以难以分清头与尾的独特外形、几乎与车距相等的轴距、极具肌肉线条感的流畅设计为人们展示了未来智能汽车的设想(见图 1-13)。以人工智能为题材的科幻电影《少数派报告》中的红色雷克萨斯跑车进一步将艺术润色和技术层面的设想结合起来(见图1-14)。在这些电影中,智能汽车采用智能电动发动机,车上装有防撞车架等大量安全设备。《侏罗纪公园》中的探索者Explorer,《我,机器人》中的人工智能奥迪……无人车元素成了科幻电影中不可或缺的一环。

图1-13 《霹雳游侠2000》中的智能汽车

图1-14 《少数派报告》中的智能汽车

随着计算机视觉技术的应用及发展,使得现代意义上"自动驾驶"的轮廓日渐明晰。未来汽车出行的各种科学幻想,正在蓄势迈向现实。

根据国际自动机工程师学会(Society of Automotive Engineers International, SAE International)的定义,"驾驶自动化等级"分为无自动化到全自动化六个级别的驾驶等级。

L0:即无自动驾驶功能,仅提供警告以及瞬时辅助。如目前汽车具有的自动紧急制动、视觉盲点提醒以及车身稳定系统等功能。

L1:L1又称为Driver Assistance,即驾驶员辅助阶段,有一项以上驾驶辅助功能。常见的细分功能有:车道偏离警告(Lane Departure Warning System,LDW)、前方碰撞预警系统(Forward Collision Warning,FCW)、盲区监测系统(Blind Spot Monitoring System,BSM)、变道辅助系统(Lane Change Assist System,LCA)、自适应巡航系统(Adaptive Cruise Control System,ACC)、自动紧急制动(Autonomous Emergency Braking System,AEB)、自动泊车系统(Automatic Parking System,APS)等。现在大多数的汽车都内置摄像头和传感器等器件,以帮助限制行驶速度或提供辅助制动。现如今,L1已经量产,比如福特带有制动

功能的碰撞预警系统。目前绝大多数汽车都配有辅助驾驶系统,能在一定程度上减轻驾驶员驾驶疲劳程度,减少事故的发生。

L2：L2又称为Partial Automation,即具有部分自动化功能。部分自动驾驶辅助自动驾驶,同时具备纵向(如紧急自动刹车AEB)和横向控制功能(如车道控制、弯道行车)。目前已经能实现L2的量产。当今大多数高级驾驶员辅助系统均属于L2级。

L3：L3又称为Conditional Automation,即具有条件自动驾驶、人机共驾功能,在某些汽车不能实现自动驾驶的情况下,仍需要驾驶员接管车辆控制权。达到L3及以上阶段的汽车,主要由系统实现监控和驾驶汽车。

L4：L4又称为High Automation,即高度自动驾驶阶段。与L3阶段相比,L3阶段在系统出问题时需要人接管,L4阶段的汽车在紧急情况下能实现自动处理,自己解决所有特殊情况,防止驾驶员未能及时接管车辆而造成交通事故。

L5：达到L5的汽车也就是无人驾驶车辆(Full Automation)阶段,可以实现无限制的任意点对点无人驾驶模式。对于自动驾驶来说,路况的复杂程度也是考量自动驾驶深度的一个很重要的维度,能否区分复杂的驾驶环境(包括周围的车辆、行人、交通灯等),是L4和L5的区分。

基于传感器的驾驶辅助或高级驾驶辅助(Advanced Driver Assistant System,ADAS)是自动驾驶的起点,主要覆盖SAE international定义的L0~L2级别范围。即ADAS需要驾驶人来掌控和操纵汽车,智能化程度不高,因此被普遍认为是实现自动驾驶的过渡性技术。ADAS随着汽车电子的快速发展,以及相关安全标准和消费需求的不断提升,近两年成为越来越多新车的"标配"。ADAS通过各种车载传感器收集车内外的环境数据,进行静、动态物体的辨识、侦测与追踪等技术上的处理,从而让驾驶者在最快的时间察觉可能发生的危险,并采取相应的措施,以提升驾乘安全性。

L3~L5这三个级别被认为是自动驾驶的中期阶段,即实现自主式自动驾驶(Autonomous Driving)。自主式自动驾驶通过车载传感设备感知,通过人工智能算法识别车辆环境和交通运行环境；并与高精度地图的数据进一步融合,形成实时的3D车辆环境感知地图,通过人工智能算法形成驾驶轨迹规划和驾驶决策；再与汽车的电子控制系统结合,实现对车辆的自动驾驶。

目前汽车高级辅助驾驶系统通常包括：

- 导航与实时交通系统(Traffic Message Channel,TMC)
- 智能车速控制(Intelligent Speed Adaptation或Intelligent Speed Advice,ISA)
- 车辆通信系统(Vehicular Communication Systems,VCS)
- 自适应巡航(Adaptive Cruise Control,ACC)
- 车道偏移报警系统(Lane Departure Warning System,LDWS)
- 车道保持系统(Lane Change Assistance,LCA)
- 碰撞避免或预碰撞系统(Collision Avoidance System或Precrash System,CAS/PS)
- 夜视系统(Night Vision,NV)
- 自适应灯光控制(Adaptive Light Control,ALC)
- 行人保护系统(Pedestrian Protection System,PPS)
- 自动泊车系统(Automatic Parking,AP)
- 交通标志识别(Traffic Sign Recognition,TSR)

- 盲点探测（Blind Spot Detection，BSD）
- 驾驶员疲劳探测（Driver Drowsiness Detection，DDD）
- 下坡控制系统（Hill Descent Control，HDC）
- 电动汽车报警系统（Electric Vehicle Warning Sounds，EVW）

这些高级辅助驾驶系统按其功能可分为两类：预警类驾驶辅助和执行类驾驶辅助。在遇到紧急情况时，预警类驾驶辅助只发出告警信号，由驾驶员决定如何操作；而执行类驾驶辅助功能则可以自主判断决策，控制车辆实现加速、制动和转向等动作，以避免碰撞。预警类驾驶辅助功能包括导航与实时交通系统、车辆通信系统、车道偏移报警系统、夜视系统、盲点探测、驾驶员疲劳探测和电动汽车报警系统；执行类驾驶辅助系统包括智能车速控制、自适应巡航、车道保持系统、碰撞避免或预碰撞系统、自适应灯光控制、行人保护系统、自动泊车系统、交通标志识别和下坡控制系统等。

根据人工驾驶的模式分析，人对车辆的驾驶过程包括环境感知、环境识别、驾驶决策和驾驶操作4个功能的循环。自动驾驶要用汽车智能化技术代替人工驾驶，就需要用智能化技术实现感知环境、识别环境并决策，进行驾驶操作。因此，自动驾驶的功能就可以分为三层：环境感知子系统、实时车辆环境感知地图子系统和驾驶决策子系统，并以此构建了自动驾驶的功能体系架构（见图1-15）。

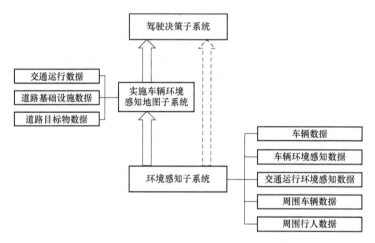

图1-15 自动驾驶功能体系架构

自动驾驶的功能体系架构中，第一层环境感知子系统通过各种传感器以及与路侧设备的协同通信获得环境感知数据，即车辆数据、车辆环境感知数据（道路基础设施感知数据和道路目标物感知数据）、交通运行环境感知数据和周围车辆数据（车辆位置、车辆行驶与车辆操作数据）与周围行人位置数据。可通过卫星定位及地基增强系统获得车辆位置信息；通过车载传感设备获得车辆周边环境相关的数据和车辆、行人、道路障碍物等道路目标物的感知数据，前置摄像机、环视摄像机、夜视摄像机、激光雷达、长距离毫米波雷达、中距离毫米波雷达和超声波雷达等车载传感设备也可采集获得交通标志、交通控制灯、交通状况和道路气象等交通运行环境来感知数据。

第一层获得的环境感知数据交给第二层的实时车辆环境感知地图子系统。该系统对数据进行处理，实现对道路基础设施、交通运行环境和道路目标物的检测与识别，形成实时的交通运行数据、道路基础设施数据和道路目标物数据。识别后的实时道路基础设施数据与高精度地图的道路基础设施历史数据进行融合,形成融合的道路基础设施数据。识别后的实时交通运行数据与从地图云平台或交通运输管理云平台获得的准实时交通运行数据进行融合,形成融合的交通运行数据;识别后的实时道路目标物相关数据与通过协同通信获得的周围车辆数据和行人位置数据进行融合,形成高度动态的地图数据;地图数据与融合的道路基础设施数据、交通运行数据进一步融合,得到的分析结果被送到驾驶决策子系统。

第三层的驾驶决策子系统从实时车辆环境感知地图子系统获得实时车辆环境感知地图;包括识别后的交通运行环境、道路基础设施和道路目标物数据;从环境感知子系统获得本车的车辆数据(当前的车辆位置数据及所处的车道、车辆行驶数据及车辆速度和方向),并根据驾驶员和交通运输管理云平台提出的出发地、目的地、出发时间、能效和舒适性等运输与出行要求,确定总体的驾驶路径策略、具体的驾驶行为策略等内容并进行运动规划。

1.1.3 车联网概念和技术体系

汽车的智能化趋势推动了传统汽车和交通行业的变革,同时也推动了车、路、人之间的信息共享。将现代通信技术与网络技术结合起来实现这些信息共享,就形成了车联网的概念。车联网是能够实现智能化交通管理、智能动态信息服务和车辆智能化控制的一体化网络,是物联网(Internet of Things,IoT)技术在交通系统领域的典型应用。车联网这个概念就是来自物联网。传统的车联网定义是指装载在车辆上的电子标签通过无线射频等识别技术,实现在信息网络平台上对所有车辆的属性信息和静、动态信息进行提取和有效利用,并根据不同的功能需求对所有车辆的运行状态进行有效的监管和提供综合服务的系统。

随着车联网技术与产业的发展,车联网的定义有了广度和深度上的延伸和补充。在世界电动车协会(World Electric Vehicle Association,WEVA)的定义中,车联网(汽车移动互联网)是利用先进传感技术、网络技术、计算技术、控制技术、智能技术,对道路交通进行全面感知,对每部汽车进行交通全程控制,对每条通路进行交通全时空控制,实现道路交通"零堵塞""零伤亡"和"极限通行能力"的专门控制网络。由此可见,车联网运用了先进的信息通信技术,既要对车进行控制,又要对道路进行控制,其目标是实现交通安全"零伤亡"、交通效率"零堵塞"和"极限通行能力"。这也是车联网的远景目标,勾画出了未来人类出行美好的蓝图。

根据中国信息通信研究院发布的《车联网白皮书(2017)》,车联网的定义是:借助新一代信息和通信技术,实现车内、车与车、车与路、车与人、车与服务平台的全方位网络连接,提升汽车智能化水平和自动驾驶能力,构建汽车和交通服务新业态,从而提高交通效率,改善汽车驾乘感受,为用户提供智能、舒适、安全、节能、高效的综合服务。网络连接、汽车智能化、服务新业态是车联网的三个核心。

根据原中国车联网产业技术创新战略联盟(现已更名为:中国智能网联汽车产业创新联盟)的定义,车联网是以车内网、车际网和车云网为基础,按照约定的通信协议和数据交互标准,在车与车、车与路、车与行人之间,进行无线通信和信息交换的大系统网络。

其中车内网是指通过应用成熟的总线技术建立的一个标准化的整车网络;车际网是指基于专用短距离通信(Dedicated Short Range Communication,DSRC)技术和LTE-V2X技术构建的实现车与车和车与路边的基础设施之间中短程距离通信的动态网络;车云网(也称车载移动互联网)是指车载终端通过3G/4G等通信技术与Internet和云端进行远程无线连接的网络。三者之间的关系和整体架构如图1-16所示。

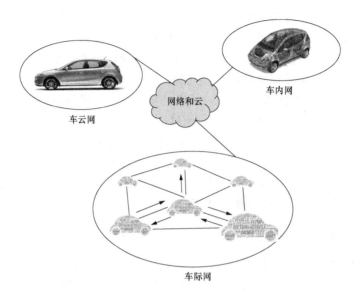

图 1-16　车内网、车际网和车云网的整体架构

在第四次工业革命的浪潮推动下，汽车智能化不断发展，汽车、电子、信息通信、道路交通运输等行业深度融合的新型产业形态：智能网联汽车应运而生。2017年，我国工业和信息化部发布了由工业和信息化部、国家标准化委员会共同制定的《国家车联网产业标准体系建设指南》（以下简称《指南》）系列文件，旨在发挥在车联网产业生态环境构建中的顶层设计和引领规范作用，并根据标准化主体对象和行业属性把指南分为总体要求、智能网联汽车、信息通信、电子产品与服务等部分。在《指南》中规范了智能网联汽车的定义：智能网联汽车是指搭载先进的车载传感器、控制器、执行器等装置，并融合现代通信与网络技术，实现车与X（人、车、路、云端等）的智能信息交换、共享，具备复杂环境感知、智能决策、协同控制等功能，可实现"安全、高效、舒适、节能"行驶，并最终可实现替代人来操作的新一代汽车。严格说来，"网联汽车"和"汽车网联化"强调的是被联网的汽车，着重在汽车的智能化，常用于汽车或者交通行业；"车联网"强调的是连接汽车的网络，是物联网的垂直应用领域，常用于通信行业。

车联网作为物联网在汽车与交通中的应用，是车与人、车与车、车与路、车与云（平台）之间进行数据和信息交换的信息通信网络。车联网的主要技术体系包括基于蜂窝移动通信的车云网和基于V2X协同通信的车际网。

蜂窝移动通信技术从1G发展到4G，目前5G也在蓬勃发展中，马上就要进入商用阶段。蜂窝移动通信技术每一次的更新换代代表了蜂窝移动通信网络数据传输能力（峰值传输速率）的提升。特别是从3G以来，最高传输速率提高到2G的10倍，使得车辆与车联网服务平台之间的通信从原来简单的文字信息向多媒体信息发展。4G的传输速率约为3G的50倍，使得车云网中车辆与交通运输管理云平台、地图云平台和自动驾驶算法训练云平台之间的车云通信，以及交通运输管理云平台与路侧设备之间的路云通信成为可能。在未来的5G蜂窝移动通信系统中，由于5G最高传输速率提高到4G的200倍，可达20 Gbit/s；同时5G支持超高可靠性与超低时延业务，这些性能使得5G能够用于海量的车辆环境感知数据传输，如自动驾驶实时监测等。

基于蜂窝移动通信的车云网利用蜂窝移动通信网络作为云平台与车辆和路侧监控设备

进行数据和信息传输的媒介。目前蜂窝移动通信网络已经建设得相当完善,覆盖了绝大多数的道路,同时经过规模化量产,蜂窝移动通信模块和终端成本已经很低,通过蜂窝移动通信网络,车辆和云平台以及路侧设备可以完成管理数据、信息服务数据和共享数据的共享和交换。

基于V2X协同通信的车际网是车联网的另一种基本通信方式。V2X协同通信是车辆与车辆、行人和路侧设备之间进行数据和信息交换的通信方式。V2X协同通信可以用于车车、车路、车人和人路协同通信。与基于蜂窝移动通信的通信方式相比,V2X协同通信包含在车辆、道路和行人之间直接进行数据和信息交换的通信方式,它将一个个独立的车辆通过信息通信连成一体,采用自组网技术,通过车辆间或车辆与路侧通信设施之间多跳无线通信,使驾驶员能够在超视距范围内获得其他车辆的状况信息(如车辆位置、行驶方向、行车速度和刹车操作等)和实时路况信息,还可以通过路边的站点接入互联网,使司机和乘客可以方便地获取天气状况,实时交通状况,商店购物或网络娱乐等相关信息。

V2X协同通信早期的实现方式为专用短距离通信(Dedicated Short Range Communication, DSRC)。DSRC最早用于不停车电子收费系统(Electronic Toll Collection,ETC)。以IEEE802.11p为底层标准,IEEE 1609为上层标准,其主要涉及两类设备:路侧设备(Road Side Unit,RSU)和车载设备(On-Board Unit,OBU)。正是通过路侧设备RSU与车载设备OBU之间的通信建立,使得装有OBU的机动车辆在中速(50~60 km/h)情况下通行在布置有RSU天线的龙门架时实现车辆与路侧设备RSU的数据交换。

伴随移动通信技术的发展,出现了第二种技术体系:即蜂窝-V2X(cellular-V2X,C-V2X)协同通信方式。C-V2X协同通信包括:基于4G的LTE V2X协同通信和基于5G的V2X协同通信。C-V2X结合了蜂窝移动通信和V2X协同通信的优势,既包括有蜂窝网络覆盖的场景,也包括没有蜂窝网络部署的场景,可以提供两种通信接口:蜂窝通信接口和直连通信接口,以此形成有效的冗余来保障通信可靠性。目前,C-V2X标准化的第三阶段:基于5G NR的技术研究阶段(R16+),用于支持V2X的高级业务场景的研究已经启动。在华为、大唐、中国移动、上海汽车和长安汽车等多家企业的共同参与推进下,C-V2X产业正在形成。

1.1.4 车联网的应用和未来发展

车联网是物联网在汽车与交通中的应用,是车与人、车与车、车与路、车与云之间进行数据和信息交换的信息通信网络。车联网使汽车不单单是一种交通工具,而是一个联网的可行走的智能终端,可以实现车载信息服务、车辆数据信息服务、车辆自动驾驶等车联网业务和应用。

根据中国信息通信技术研究院于2018年发布的《车联网白皮书(2018)》的定义,狭义的车联网应用通常指车载信息服务类应用,即通过车辆把车主与各种服务资源整合在一起;广义的车联网应用还包括面向交通的安全效率类应用以及以自动驾驶为基础的协同服务类应用。根据需求对象和应用对象进行综合分类,可以将车联网应用分为信息服务类应用、汽车智能化类应用和智慧交通类应用三种。

1. 信息服务类应用

信息服务类应用以用户体验为核心,既包括提高驾乘体验、实现欢乐出行的基础性车载信息类应用,也包括与车辆上路驾驶、车辆出行前或出行后的涉车服务、后市场服务、车家服务等应用。该类应用需要车辆具备基本的联网通信能力和必要的车辆基础状态感知能力。

基础性车载信息类应用仍是当前车联网主要应用形态,主要涉及车主的前台式互动体验,包含导航、娱乐、通信、远程诊断和救援、资讯等。目前很多车辆已加装车载模块,用户可以通过车载网联化获得信息服务,包括在线导航、娱乐等多媒体服务。随着语音识别、人眼动作识别等技术的逐步发展,车载信息类应用将更加丰富。从汽车自动驾驶功能层面,该类应用仍停留在 L0~L2 级别,通过提高汽车电子控制技术的智能化和自动化来实现。

涉车服务主要与车辆定位、电子支付相结合,包括共享汽车、网约车、网租车等应用。汽车后市场服务主要有汽车保险、车辆维护延保、车辆美容、二手车交易等应用,随着汽车保有量增速的放缓,后市场服务应用价值将获得更多关注。车家服务主要通过基于位置、时间和日期等信息来智能化判定车主行为习惯,创建相应规则为车主提供智能家居系统服务应用和包括家用电器远程遥控等(见图 1-17)。该类应用涉及车辆数据,车载信息服务数据、运输出行数据以及个人信息的共享和交互。

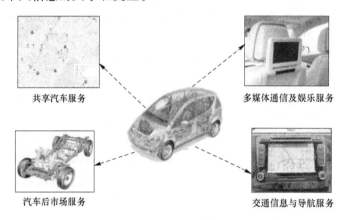

图 1-17　信息服务类应用

2. 汽车智能类应用

汽车智能类应用以车辆驾驶为核心,与车辆行驶过程中的智能化相关(见图 1-18)。汽车智能类应用利用车上传感器,随时感知行驶中的周围环境,收集数据、动静态辨识、侦测与追踪,并结合导航地图数据,进行系统运算与分析,主要包括安全类应用和效率类应用。

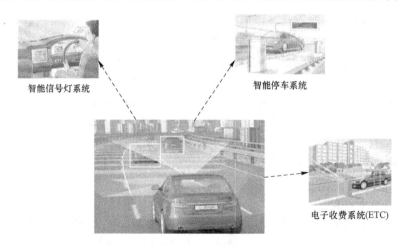

图 1-18　汽车智能类应用

安全类应用与车辆行驶安全及道路通行效率息息相关,有助于避免交通事故的发生。自动驾驶技术发展的初衷就是将人类从驾驶中解放出来,避免因驾驶人员疲劳误判等原因引起的交通事故,大量减少交通死亡率。目前,依靠单车感知的安全驾驶辅助系统等传统应用处于快速成长期,在中低端车型渗透率将逐步提升。同时,随着网联技术的不断成熟和推广,出现了更多安全预警类应用。例如,通过网联技术,行驶在高速公路等快速路段的前车,在感知到事故后可提早通知后面车辆事故信息,避免连环追尾事故。

效率类应用主要是通过车车、车路信息交互,实现车辆和道路基础设施智能协同,有助于缓解交通拥堵、降低车辆排放等。典型应用有交叉路口智能信号灯、自适应巡航增强、智能停车管理等。例如,交叉路口智能信号灯应用通过网联技术来收集周边车辆速度、位置等信息,对信号灯参数进行动态优化,提高交叉路口车辆通行效率。

3. 智慧交通类应用

智慧交通类应用以协同为核心,在自动驾驶的基础上,与多车管理调度及交通环境等智慧交通相关,最终支持实现城市大脑智能处置城市运行和治理协同(见图1-19)。智慧交通主要是基于无线通信、传感探测等技术,实现车、路、环境之间的大协同,以缓解交通环境拥堵、提高道路环境安全、达到优化系统资源为目的。在实现高等级自动驾驶功能之后,该应用场景将由限定区域向公共交通体系拓展。

封闭场景下的无人驾驶

先进公共交通系统(APTS)

图1-19 智慧交通类应用

在相对封闭的环境或危险地带场景中,因物理空间有限,行驶路况、线路、行驶条件等因素相对稳定,重复性高,通过独立云端平台协同调度管理,采用固定路线、低速运行、重复性操作的应用更容易成熟落地。典型应用有对园区、景区、机场和校园等限定区域内的自动驾驶巴士进行调度,港口专用集装箱智能运输等。

在公共交通系统场景下,车辆的路径规划和行为预测能力对车辆的智能化和网联化水平提出了更高要求,需要更完善的自动驾驶控制、行驶过程全覆盖的5G-V2X网联技术以及云平台的高效衔接调度。该类应用除依赖技术突破,还涉及伦理和法规等因素的规范。

1.2 智能网联的概念与应用

1.2.1 智能网联的概念

我们应该认识到,自动驾驶只是汽车智能化很小的一部分。在人们的设想中,智能汽车不仅仅能够完成自动驾驶功能,在自动驾驶功能实现后,汽车产业的发展方向是智能网联汽车(Intelligent & Connected Vehicle,ICV)。根据中国汽车工业协会的定义,智能网联汽车即为搭载先进的车载传感器、控制器、执行器等装置,并融合现代通信与网络技术,实现车与X(人、车、路、云端等)智能信息交换、共享,具备复杂环境感知、智能决策、协同控制等功能,可实现"安全、高效、舒适、节能"行驶,并最终实现替代人类操作的新一代汽车。

智能网联汽车是互联网与自主式自动驾驶的融合。在智能网联汽车时代,车辆本身是载体,实现智能是目的,网联是核心手段。在网联化时代,车载传感设备获得的数据与通过协同通信交换获得的数据相互补充、相互融合。车载传感设备只能感知视距范围内的车辆环境,面对非视距的路况,如交叉路口、急弯处、山顶处,需依靠通信网络交换车辆数据和交通运行环境数据弥补。传感设备感知的数据、通信交换的数据与高精度地图的静态和准动态数据融合,构建一张实时的高精度地图,以支撑自动驾驶系统的驾驶决策和驾驶操作与控制。

在智能网络时代,汽车的智能化不仅推动传统汽车和交通行业的变革,还将推动新兴信息技术创新和出行服务模式的出现,如车载摄像头、红外夜视摄像、车载毫米波雷达、激光扫描雷达、超声波雷达等车载传感设备制造业;车用微控制器、人工智能芯片、电子控制系统和车载计算平台制造业;视觉识别、人工智能、驾驶决策和3D高精度地图制作等新兴信息技术创新;基于自动驾驶的汽车共享、分时租赁和货物运输等新兴的运输与出行服务行业。此外,智能网联汽车还将推动交通管理运输管理和公路管理等服务行业业务管理模式的变化。

智能网联汽车是车联网与智能汽车的交集,如图1-20所示。

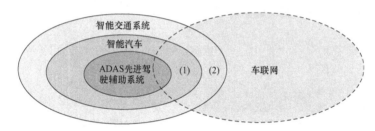

注:(1)智能网联汽车;(2)智能交通管理与信息服务

图1-20 车联网与智能网联的相互关系

智能网联汽车的关键技术主要包括环境感知技术、无线通信及数据处理技术、智能互联技术、全辅助驾驶技术和信息安全与隐私保护技术等。

1. 环境感知技术

车辆整体环境信息的及时性、准确性和可靠性需要依赖于车辆环境感知技术。环境感知技术不仅仅包括收集信息,还需要在复杂、动态和多样化的交通环境下,提高环境感知精确程度、对动态目标进行识别与估计以完成交通环境信息的多视图数据融合。车辆所处的环境由车辆本身状态和外部环境所决定。通过环境感知,智能网联汽车获取包括车辆位置、行车速度、移动方向以及各类车内设备参数等车辆本身状态信息,并且借助视频摄像头、雷达传感器、激光测距器等收集车辆外部的交通信号、路面状态、交通状况、行人移动等数据信息。

机器视觉与激光雷达技术是实现车辆环境信息采集功能的关键技术,是智能网联汽车感知层在运作过程中不可或缺的重要组成部分。机器视觉视场宽,侧向精度高,成本低,不受其他传感器影响,可以提供亮度和深度等更加丰富的平面信息,用于估算如果不躲避检测到的对象会出现危险的可能程度;激光雷达能够快速地获取扫描平面中的距离信息,并获得障碍物在扫描平面中的外轮廓,对于路面场景中其他车辆、行人或障碍物,道路边界等信息具有不错的识别检测效果。机器视觉与激光雷达通过组合装配,二者互为补充,各有所长,共同组成车辆的视觉传感系统(见图1-21)。

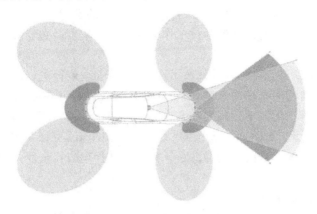

图1-21 机器视觉与激光雷达技术示意图

2. 无线通信及数据处理技术

借助车载传感器、GPS、雷达等，结合近距离通信技术，实时准确地探测车辆自身状态和周围环境的信息，通过数据融合技术，将各种类型数据依据通信标准进行交互，实现数据共享。车辆与交通的数据是实现车载信息服务、车辆数据服务、网联驾驶的核心，这些核心不能由单个人，单辆汽车或单个系统获得，必须结合以 LTE-V2X 或 DSRC 等近距离通信技术实现特定区域的信息交互及移动目标识别。如 V2X 技术可以实现车车和车路间的识别数据交换；交通运输管理云平台或地图云平台等共享化技术可以实现交通标志和交通信号灯相位等交通运行数据的共享；还可以通过 V2X 协同通信等技术实现车车和车路间的车辆定位信息交换。

数据处理技术主要包括云计算技术、数据加密技术、大数据储存技术和多源数据预处理技术等多种技术。在现阶段云计算交通数据处理模式运行中，可实现大规模数据储存及安全维护，从而保障整体智能网联车辆运行安全。

3. 智能互联技术

智能互联解决车辆与人、车辆与环境等之间的协同交互问题。对于车车、车路及车云3个环节进行更有效的交通状态估计和控制。如在交通安全方面，通过协同通信，传输车辆数据，交通运行数据，出行、运营数据和行人数据，以减少或消除碰撞事故；对于车路信息交换，路侧终端向来往车辆发送本区域周边道路交通的数据，如交通标志、交通信号、交通状况和道路基础设施数据，以便来往车辆根据本车的行驶、位置和基本数据，判断可能出现的交通安全危险或违规情况，必要时向本车驾驶人员发出提醒、提示或警告；也可以通过车云通信，车辆和交通管理系统中心交换车辆数据，交通运行数据和行人位置数据，提高交通运输效率，进行交通性能监控和交通规划等。通过人-车-环境形成智能数据交换的闭环。

智能互联通过车车联网、车路联网的方式，每辆车均可通过短距离通信技术形成车辆间自组织网络获取其他车辆的行驶状态，以及道路环境，并基于这种高度共享的信息来判断事故发生的可能性。在智能网联技术支持下，汽车打开了汽车之间交流的通道，就像人类之间可以交流一样，汽车之间可以共享任何的信息。

4. 驾驶辅助技术

汽车智能化是智能网联的基础。驾驶辅助技术是指借助各类车载传感器和通信技术，对车辆、驾驶员及环境信息进行及时、准确甚至动态的收集，同时进行辨识、侦测、追踪和处理,进而发出警示,使驾驶员察觉可能发生的危险;或在必要时进行汽车控制的一系列主动安全技术。根据《中国制造2025》的分类,智能网联汽车的发展阶段分为辅助驾驶、部分自动驾驶及有条件的自动驾驶,驾驶辅助技术作为智能网联车发展必经阶段中的关键技术,占主导地位。

汽车上的驾驶辅助系统可以辅助驾驶员更为舒适、安全地行车,区别于传统汽车行业的车道保持辅助系统、自动泊车辅助系统、刹车辅助系统等内容。在智能网联汽车的定义中,驾驶辅助内容更为宽泛,纳入了一些主动安全技术,基于车辆和车辆之间以及车辆和交通设施之间数据交换的应用。如前向碰撞预警、紧急电子刹车灯、盲区检测/预警、禁止通行警告、交叉路口驾驶辅助等。这些驾驶辅助系统旨在提高行车的安全性,以及帮助驾驶员养成一个良好的驾驶习惯。

5. 信息安全与隐私保护技术

信息安全技术作为智能网联汽车的关键技术,涉及了智能网联汽车的每一层。信息安全技术包括终端App的加密防护技术、权限验证技术、防火墙技术、身份鉴别技术、电子身份标识技术、数字签名技术等,对于实现保障传输安全、非法入侵检测以及用户隐私数据保密十分关键。实现大量信息安全、准确、及时交互,是智能网联汽车关键技术发展的重大突破,也关系到智能网联汽车的推广和普及。

从数据获取、融合、存储与处理的角度分析,智能网联汽车与外界信息交互过程由环境感知层、智能决策层、控制执行层构成。

(1) 环境感知层

环境感知层承担车辆本身与道路交通信息的全面感知和采集,通过传感器、RFID、车辆定位等技术,实时感知车况及控制系统、道路环境、车辆当前位置、周围车辆等信息,实现对车辆自身属性以及车辆外在环境如道路、人、车等静、动态属性的提取,为决策层提供依据。

环境感知层的数据来源包括多个部分:一是对车辆本身的感知数据,如速度、加速度、位置、横摆角速度等,主要通过读取CAN总线、GPS和其他感知设备来实现;二是对周围车辆行驶状态的感知数据,如周围车辆的位置、方位、速度、航向角,即车车通信;三是对道路环境的感知,如交通信号状态、道路拥堵状态、车道驾驶方向,即车路通信,每辆车和路侧设施单元需要把自己感知到的信息分发出去;四是通过与后台及第三方应用进行交互来获取更多的数据,如天气数据、公交车优先调度请求等。

(2) 智能决策层

智能决策层根据感知层以及云平台获取的信息来进行决策,进而向驾驶员发出辅助决策信息。目前智能网联汽车技术发展还处于借助先进驾驶辅助技术的智能驾驶阶段,所以决策信息主要起到预测、警告、推荐作用,驾驶员掌握车辆行驶的主动权。当智能网联汽车发展到较为完备的阶段时,决策层除了车载决策系统之外,还包括智能交通系统后台服务中心的协同决策机制,将车辆可控权限进行了扩展,即网联自动驾驶阶段。在该阶段智能决策层将根据车辆本身数据、道路基础设施和道路目标物的识别数据、交通运行数据、用户与运输出行数据,实时地确定相适应的驾驶行为。

行为决策的方法来源于基于行为的机器人学。以按场景划分的基于规则的行为决策方法为例,其核心思想是利用分治原则,将车辆周边环境划分成几个独立的场景。在单个场景中,根据车辆本身数据(车辆位置数据及所处的车道,车辆行驶数据及车辆速度和方向等信息)、道路基础设施和道路目标物数据(位置、形状和速度,以及对其运动轨迹和运动速度的预判)、交通运行数据(交通信号灯相位、交通规则如限速标志、交通状况如交通事故和交通拥堵等交通运行数据)和用户出行要求(出发地、目的地和用户关于能效和舒适性要求)等信息,运用对应的规则对汽车的驾驶行为及其参数进行决策。再将所有划分的单个场景的驾驶行为决策进行综合,得出最后综合的总体行为决策。

通常可以将道路目标物和交通运行环境进一步细分为:前车、后车、行人、自行车、障碍物、信号灯和交通标志等单个场景。运用对应的规则对前车场景的行为决策包括跟车、停车和超车等;后车的行为决策包括:让行、忽略等;对行人、自行车和障碍物的行为决策包括停车、躲避等;对信号灯的行为决策包括停车、通过等;对交通标志的行为决策包括限速。根据单个场景的驾驶行为而得出的综合驾驶行为决策主要是行驶、跟车、转弯、换道和停车等,综合驾驶行为决策反过来有可能分解成多个单个场景的驾驶行为决策。

(3) 控制执行层

控制执行层将根据决策层形成的驾驶行为决策形成关于车辆转向盘、油门和制动器等车辆工作部件的操作指令,以便进行车辆横向和纵向的加速或减速等驾驶操作。汽车的电子控制单元 ECU 通过汽车总线收到来自自动驾驶系统(车载计算平台)的操作指令,各电子控制单元 ECU 将控制相应的执行器和工作部件。对车的各工作部件进行操作控制后,车辆的运动方向、速度和位置将发生改变。

控制执行时,汽车车辆在驾驶辅助阶段主要进行一些基本的速度和方向控制。融合完备的网联技术后,ECU 的作用除了作为车辆工作部件的控制器之外,还需要完成从决策层接收关于行驶决策的指令,同时负责传递驾驶人员的操作意图。由此车辆自主控制将逐步替代驾驶员的人工控制,实现真正意义上的无人驾驶。

1.2.2 智能网联的应用

目前世界先进国家已将汽车产业的发展蓝图确定为要实现基于网络的设计、制造、服务一体化的数字模型。例如,德国工业 4.0 清晰定义了基于互联网的智能汽车、设施及制造服务的信息物理融合系统,以及明确了从汽车机电一体化到智能驾驶信息物理融合推进时间表。欧盟计划 2050 年形成一体化智能和互通互联汽车的交通区。

按照我国实施制造强国战略第一个十年的行动纲领《中国制造 2025》中的工作计划部署:到 2020 年,掌握智能辅助驾驶总体技术及各项关键技术,初步建立智能网联汽车自主研发体系及生产配套体系。到 2025 年,掌握自动驾驶总体技术及各项关键技术,建立较完善的智能网联汽车自主研发体系、生产配套体系及产业群,基本完成汽车产业转型升级。

智能网联汽车,将主要应用在以下重点领域。

1. 基于车联网的车载智能信息服务系统

在现有的汽车信息服务系统基础上,为乘客的安全便利出行提供全方位的信息服务。车载信息服务是最早进入汽车行业的车联网应用形式,通过内连电子控制系统,外连信息服务平台的车载信息控制单元,可用于实现车辆控制、车辆监控、ECU 软件更新等远程控制类业务;与 V2X 协同通信单元集成,可实现智能网联协同驾驶和协作式智能交通。

车载信息控制单元与中控台的车载信息娱乐系统集成,构成车载信息服务终端。车载信息服务终端可实现车载信息服务和商业运输服务。在车联网技术支持下,车载信息系统经短距离通信系统和移动互联网连接至车联网服务平台,以实现车载信息服务。可以在车内安装车载信息控制单元(Telematic Control Unit,TCU),以便远程获取车辆数据,并对车辆进行远程控制。车载信息娱乐系统与车载信息控制单元结合，构成车载信息服务终端或车载终端。为实现网联协同驾驶和协作式智能交通。车载终端还将引入 V2X 协同通信单元。

车载信息控制单元通过车内 CAN 总线获取车辆数据，如驾驶行为、汽车用量（使用时长和行驶里程等）、车辆状态以及电动汽车的电池电量数据。TCU 内置通信单元/网关和卫星定位与惯性导航系统，经卫星定位与惯性导航系统获取车辆位置数据，经惯性导航系统获取车辆行驶数据，经蜂窝移动通信将车辆数据上传到车联网服务平台（TSP），经 V2X 通信与周边的人车路交换数据。车联网服务平台用于车载信息服务时，也称为车载信息服务平台。

通过车载信息服务平台，可以提供包括汽车导航、信息娱乐、通信和上网及道路紧急救援服务。

2. 公交及营运车辆的网联化信息管理系统

全面升级优化公交、出租及各种运营车辆信息服务管理系统，为专业驾驶员的安全、绿色与高效出行提供全方位信息服务，同时为营运管理与交通管理部门提供系统的监控、调度和管理服务。

智能网联应该是将交通服务于其他公共服务有机协同，将空间移动与道路沿途信息，市民活动链深度融合，将城市活动体系与居民生活模式围绕可持续发展的目标结合，将管理者、研究者与服务对象组合到高效沟通的社会网络。通过获取车辆位置和车辆行驶等车辆数据、交通运行数据、公交运输与乘客出行等运输出行数据和乘客位置数据，对公交运输进行管理，除了我们印象中的公交优先通行之外，还可以包括：动态公交专用道，公交车与乘客相互提醒，公交车进出站提醒，视觉障碍残疾人线路识别，公交车停车请求等。

3. 智能辅助驾驶系统

智能辅助驾驶系统包括车道偏离预警系统、盲区预警系统、驾驶员疲劳预警系统、自适应巡航控制系统及预测式紧急刹车系统，能提供至少两种可共同运行的主要控制功能，如自适应巡航控制与车道偏离预警的结合，以减轻驾驶人负担，减少交通事故，减少交通死亡人数。

汽车的电子化技术为汽车智能化提供基本的汽车数据，汽车的智能化技术是实现这些应用的主要关键技术。而 V2X 协同通信和蜂窝移动通信等智能网联技术为智能辅助驾驶的环境感知、环境识别、车辆定位、地图创建和驾驶决策等功能提供数据交换能力。网联化技术与智能化技术的结合为智能辅助驾驶系统的实现提供了技术手段，提供了共享的环境感知、环境识别和地图数据，也为路径规划提供决策建议。

4. 自动驾驶和无人驾驶

根据《中国制造 2025》要点，智能网联将用于自动驾驶和无人驾驶功能的实现，包括结构化道路下和各种道路下的自动驾驶系统，可执行完整的安全关键驾驶功能，在行驶全程中检测道路状况，实现可完全自动驾驶。无人驾驶最高安全车速达到 120 km/h，综合能耗较常规汽车降低 10% 以上，减少排放 20% 以上。

由于网联化技术的应用，可以推进自动驾驶和无人驾驶相关的功能和关键技术实现。通过网联化技术可以用于实现车车、车路和车云间的车辆环境与交通运行环境感知数据交换，可以利用云平台收集、存储和共享路情数据。同时也可以使用交通运行云平台或地图云平台共享化技术来实现交通标志和交通信号灯相位等交通运行数据的共享。网联化技术扩大了环境感知的领域和范围,为驾驶决策提供更为准确和及时的信息。驾驶决策的实现方法是基于规则的方法和基于人工智能机器学习的方法,网联化可以用于车车之间的驾驶决策协同与驾驶操作指令数据交换,也可以用于车-网协同通信,将云平台和大数据共享化技术用于实现基于云端的驾驶决策建议,实现基于云计算和大数据的网联自动驾驶和无人驾驶。

1.3 传感器的概念与作用

1.3.1 传感器的定义

人们为了从外界获取信息,必须借助于感觉器官。而单靠人们自身的感觉器官,在研究自然现象和规律以及生产活动中它们的功能就远远不够了。为适应这种情况,就需要传感器。因此可以说,传感器是人类五官的延长,又称之为电五官(见表1-1)。

表1-1 电五官

感觉	传感器	效应
视觉	光敏传感器	物理效应
听觉	声敏传感器	物理效应
触觉	热敏传感器	物理效应
嗅觉	气敏传感器	化学效应、生物效应
味觉	味敏传感器	化学效应、生物效应

传感器(transducer/sensor)是一种检测装置,能感受到被测量的信息,并能将感受到的信息,按一定规律变换成电信号或其他所需形式的信息输出,以满足信息的传输、处理、存储、显示、记录和控制等要求。

国家标准 GB/T 7665—2005《传感器通用术语》对传感器的定义是:"能感受规定的被测量并按照一定的规律(数学函数法则)转换成可用信号的器件或装置,通常由敏感元件和转换元件组成"。也有定义认为传感器的构成不仅包括敏感元件和转换元件,还包括测量电路。其中,敏感元件是指能直接感受(或响应)被测量的部分,即将被测量通过传感器的敏感元件转换成与被测量有确定关系的非电量或其他量。通常根据敏感元件的基本感知功能分为热敏元件、光敏元件、气敏元件、力敏元件、磁敏元件、湿敏元件、声敏元件、放射线敏感元件、色敏元件和味敏元件十大类。转换元件则将上述非电量转换成电参量。测量电路的作用是将转换元件输入的电参量经过处理转换成电压、电流或频率等可测电量,以便进行显示、记录、控制和处理的部分。

传感器的存在和发展,就像给物体加上了"五官",让物体有了触觉、味觉、听觉和嗅觉。可以说传感器能够获得设备和环境的状态信息,并将之转换为机器可识别或计算机可处理的数字信号,是设备自动化、智能化的前提条件。

随着技术的发展,以微机电系统传感器(Microelectro Mechanical Systems, MEMS)为代表,当前传感器已远远超越人类感官。MEMS 传感器利用传统的半导体工艺和材料,集微传感器、微执行器、微机械机构、信号处理和控制电路、高性能电子集成器件、接口、通信和电源等于一体,具有小体积、低成本、集成化等特点。由于 MEMS 是微电子同微机械的结合,如果把微电子电路比作人的大脑,微机械比作人的五官(传感器)和手脚(执行器),两者的紧密结合,就是一个功能齐全而强大的微系统。

典型的 MEMS 系统如图 1-22 所示,由传感器、信息处理单元、执行器和通信/接口单元等组成。其输入是物理信号,通过传感器转换为电信号,经过信号处理(模拟的和/或数字的)后,由执行器与外界作用。每一个微系统可以采用数字或模拟信号(电、光、磁等物理量)与其他微系统进行通信。

目前常见的 MEMS 传感器包括硅麦克风、陀螺仪、加速度器、磁力计、组合传感器、压力传感器、轮胎压力传感系统等;MEMS 执行器包括微镜、振动器、射频、体声波滤波器、喷墨头、自动聚焦、红外探测器等。

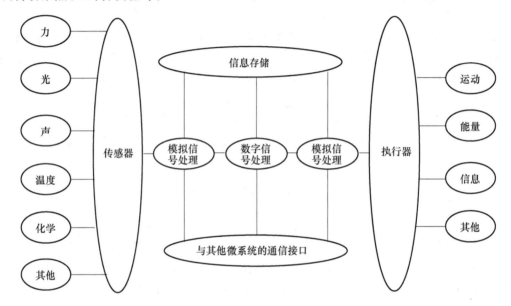

图 1-22 MEMS 传感器系统

借助 MEMS 传感器系统和人工智能技术,全面感知时代已经到来。MEMS 传感器已经广泛应用于 AR/VR、可穿戴等消费电子,智能驾驶、智能工厂、智慧物流、智能家居、环境监测、智慧医疗等物联网领域广泛应用。

1.3.2 传统车载传感器及其作用

汽车技术的发展,越来越依靠传感器,传感器检测到信号,反馈给汽车电脑,经过电脑来控制相应部件工作。如果传感器损坏,相应的部件就无法正常工作,所以说汽车传感器有着非常重要的地位。传感器在汽车上主要应用在发动机控制系统,底盘控制系统和车身控制系统。

1. 发动机控制系统

发动机控制系统用传感器主要有温度传感器、压力传感器、位置和转速传感器、流量传感器、气体浓度传感器和爆震传感器等(见图 1-23)。这些传感器向发动机的车载电子控制单元(ECU)提供发动机的工作状况信息,以提高发动机的动力性、降低油耗、减少废气排放和进行故障检测。

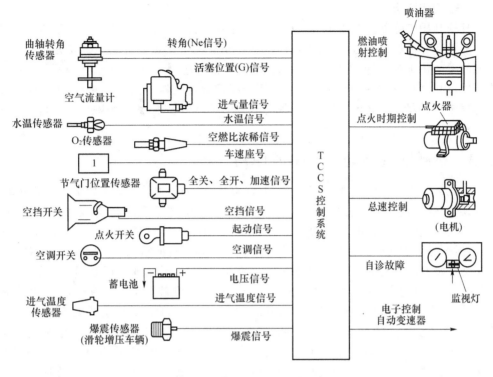

图 1-23 发动机控制系统

2. 底盘控制系统

底盘控制用传感器是指用于变速器控制系统的车速传感器、加速踏板位置传感器、加速度传感器、节气门位置传感器、发动机转速传感器、水温传感器和油温传感器等;悬架控制系统应用的传感器有车速传感器、节气门位置传感器、加速度传感器、车身高度传感器、方向盘转角传感器等;动力转向系统应用的传感器主要有车速传感器、发动机转速传感器、转矩传感器、油压传感器等(见图 1-24)。

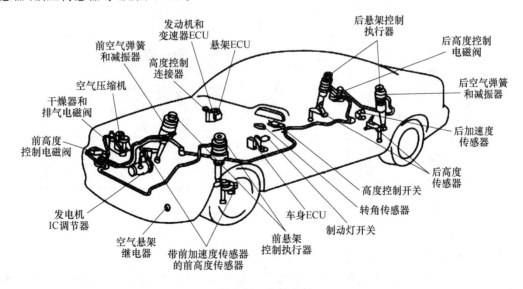

图 1-24 电控悬架

3. 车身控制系统

车身控制用传感器主要用于提高汽车的安全性、可靠性和舒适性等。由于其工作条件不像发动机和底盘那么恶劣，一般工业用传感器稍加改进就可以应用。主要有用于自动空调系统的温度传感器、湿度传感器、风量传感器、日照传感器等；用于安全气囊系统中的加速度传感器；用于门锁控制中的车速传感器；用于亮度自动控制中的光传感器；用于倒车控制中的超声波传感器或激光传感器；用于保持车距的距离传感器；用于消除驾驶员盲区的图像传感器等。

1.3.3　传感器在自动驾驶中的作用

堵车是最让人头疼的一件事，也是新时代"城市病"的最大特点。由此引发的效率低下、时间延误、环保问题等不胜枚举，并且进而引发的"路怒症""激情犯罪"等也越来越多；并且，道路交通作为"衣食住行"的"行"的一部分，和我们每个人都息息相关，人人都不能置之度外，行有所畅是我们每个人的期待。而自动驾驶可有效缓解拥堵现象，提高出行效率。

正常行驶情况下，如果一个人用 3 分的力度踩了刹车，后面的人就会用 5 分的力，再后面的就会用 10 分的力，这种刹车波的传递会导致行驶缓慢甚至堵塞。首先，在无线通信技术的辅助下，自动驾驶可实现同步刹车，消除刹车波。其次，自动驾驶会比人更守规矩，它不会闯红灯，也不会随意变道，这样会减少因为交通事故导致的大拥堵。大数据车险（Usage Based Insurance，UBI）的业务展开就是缘于人们在日常开车中的这些坏习惯。它通过车内安装多个传感器和黑盒子，可以实时检测驾驶行为，如以踩刹车、踩油门的力度跟同一区域的其他车辆行驶数据做对比，如果存在激烈驾驶，那么或许第二周你将收到昂贵的保险费用。最后，大部分私家车会被自动驾驶打车服务所替代，平均出行时间会减少，整体的停车位需求也会减少一半。

如 1.1.2 小节所述，自动驾驶功能的实现包括三个部分：感知、决策、控制。从整个硬件的架构上也要充分考虑系统感知、决策、控制的功能要求（见图 1-25）。

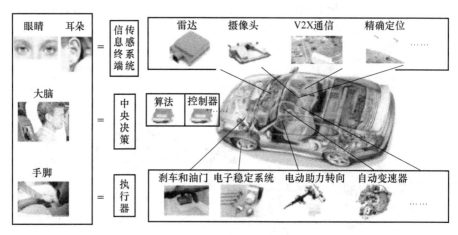

图 1-25　自动驾驶结构图

1. 感知层

感知层依赖大量传感器的数据，分为车辆运动和环境感知两大类。

- 车辆运动传感器：速度和角度传感器提供车辆线控系统的相关横行和纵向信息。惯性导航＋全球定位系统＝组合导航,提供全姿态信息参数和高精度定位信息。
- 环境感知传感器:负责环境感知的传感器类似于人的视觉和听觉,如果没有环境感知传感器的支撑,将无法实现自动驾驶功能。主要依靠激光雷达、摄像头、毫米波雷达的数据融合提供给计算单元进行算法处理。数据融合就是将不同传感器(如雷达、摄像头和激光雷达)数据进行智能化合成,实现不同信息源的互补性、冗余性和合作性,从而做出更好、更安全的决策。比如,摄像头具有分辨颜色(识别指示牌和路标)的优势,可易受恶劣天气环境和光线的影响,但雷达在测距、穿透雨雾等有优势,两者互补融合可做出更精确、更可靠的评估和判断。

目前大多数人所谈的自动驾驶,都是基于汽车本地端的传感器、数据融合来实现决策的。但是,这种单凭本地端实现的方式存在一些局限性(见图1-26)。一方面当汽车横穿十字路口时,自动驾驶将无法预知从左侧高速驶来的大卡车;在另一方面,由于易受雨、雪、雾、强光等环境影响,摄像头可能无法准确识别指示牌和红绿灯。

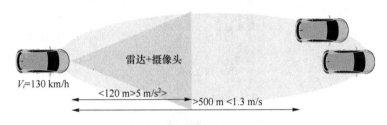

图1-26　单纯传感器无法满足安全预警需求

当自动驾驶在高速路上以130 km/h行驶时,摄像机/雷达融合无法安全地检测到前方超过120 m距离外的停车,这将触发超过5 m/s^{2}的紧急制动,这是无法接受的,摄像机/雷达也无法检测视距外的危险物体。道路环境异常复杂,雷达、摄像头和激光雷达等本地传感系统受限于视距、环境等因素影响。

因此,要实现100%安全性,自动驾驶需要通过V2X技术弥补本地传感器所欠缺的感知能力。V2X就是与周围一切能与车辆发生关的事物进行通信,包括V2V车辆通信技术、V2I与基础设施如红绿灯的通信技术、V2P车辆与行人的通信。

2. 决策/计算单元部分

各类传感器采集的数据统一到计算单元处理,为了保证自动驾驶的实时性要求,软件响应最大延迟必须在可接受的范围内,这对计算的要求非常高。一旦出现交通事故,重则导致人身伤亡,因此,自动驾驶对技术安全的要求相当苛刻,需实现接近100%的安全性。简而言之,自动驾驶就是通过传感器收集全面的环境信息,再对信息融合处理,并作出接近100%安全性决策。

3. 车辆控制

自动驾驶需要用电信号控制车辆的转向、制动、油门系统,其中涉及车辆底盘的线控改装,目前在具备自适应巡航、紧急制动、自动泊车功能的车上可以直接借用原车的系统,通过CAN总线控制而不需要过度改装。

4. 传感器在自动驾驶中的作用

在自动驾驶中,车辆需要知道足够的环境信息及车辆自身的姿态、位置信息,以做出恰当决策,提高行车安全及交通效率,所以需要环境感知传感器和车辆运动传感器(见图1-27)。

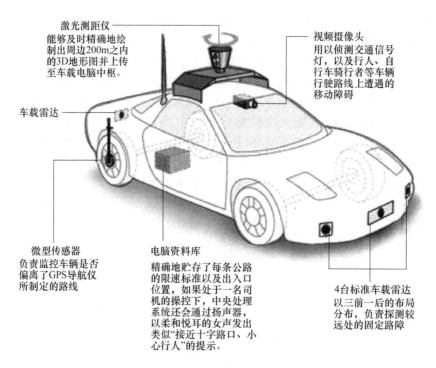

图 1-27 自动驾驶的传感器

(1) 摄像头

摄像头主要用于车道线、交通标示牌、红绿灯以及车辆、行人检测,有检测信息全面、价格便宜的特点。由镜头、镜头模组、滤光片、CMOS/CCD、ISP、数据传输部分组成。光线经过光学镜头和滤光片后聚焦到传感器上,通过 CMOS 或 CCD 集成电路将光信号转换成电信号,再经过图像处理器(ISP)转换成标准的 RAW,RGB 或 YUV 等格式的数字图像信号,通过数据传输接口传到计算机端(见图 1-28)。

图 1-28 基于摄像头的物体识别

摄像头具有独特的图像识别能力。经过深度学习后,除了可以识别车道线、交通标示牌、红绿灯等交通标示,还可对障碍物进行分类。通过双目或多目摄像头还可获得物体的三维信息,其功能上接近人眼,但是同时也具有人眼的缺点:当外界条件较差,如光线过强或过弱、雨雪等恶劣天气或是有遮挡,摄像头都无能为力。

(2) 激光雷达

激光雷达通过不断向周围目标发射探测信号（激光束），并接收返回的信号（目标回波）来计算和描述被测量物理的有关信息，如目标距离、方位、高度、姿态、形状等参数，以达到动态 3D 扫描的目的（见图 1-29）。

图 1-29 激光雷达扫描图

根据这一原理我们可以知道，激光雷达线束越多，视线越密集，测量的精准度、分辨率和安全性也就越高。而车载激光雷达也普遍采用多个激光发射器和接收器，来建立三维点云图（见图 1-30）。从当前市场上较常见的车载激光雷达来看，机械式多线束激光雷达是主流方案，主要有 4 线、8 线、16 线和 32 线的，最高级别的 64 线和 128 线产品也有。

即使只是 4 线级别的激光雷达，与其他汽车感应识别技术（标准车载雷达及毫米波雷达等）相比，优势也很明显。

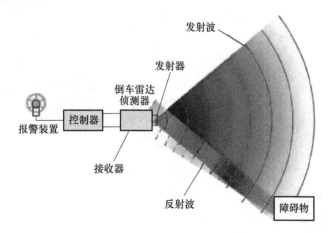

图 1-30 倒车雷达工作原理

- 分辨率高：激光雷达工作于光学波段（特殊波段），频率比微波高 2~3 个数量级以上，并可同时跟踪多个目标，因此，激光雷达具有极高的距离分辨率、角分辨率和速度分辨率,这就意味着它能侦测到更小的物体,并且分辨出这些物体是行人、车辆或是垃圾堆,这也是激光雷达最显著的优点。

- 抗干扰能力强:激光属于直线传播、方向性好、光速非常窄,只有在其传播路径上才能接收到,所以干扰信号也很难进入激光雷达的接收机,另外,对于激光雷达而言,只有被照射的目标才会产生反射,完全不会受地物回波的影响,因此可探测低空/超低空目标,探测性远高于微波雷达。
- 获取的信息量丰富:可直接获取目标的距离、角度、反射强度、速度等信息,生成目标的多维度图像,使得整个画面更加直观。

当然,车载激光雷达也并非没有缺点,容易受天气影响便是其天生缺陷。比如,在雨雪、浓雾、沙尘暴等天气条件下,不仅激光束的传播距离大受影响,大气环流还会使激光束发生畸变、抖动,直接影响激光雷达的测量精度,严重影响行车安全。但毫米波雷达穿透烟、雾、灰尘的能力强(波长越长,穿透性越强),相比于激光雷达是一大优势。这就有点类似于汽车的卤素大灯与氙气大灯的区别,虽然都觉得氙气灯比卤素灯更先进,但在雨雪、雾霾等能见度低的天气里,卤素大灯穿透性却更好,更有优势。除此之外,高昂的成本、售价是车载激光雷达的另一大劣势。激光雷达线束越多,测量精准度越高,但相应的价格也就越昂贵。例如,Velodyne 的 64 线激光雷达,70 万元的价格比众多豪华品牌整车售价还贵。可想而知,该公司旗下的 128 线激光雷达的造价只会更加昂贵,能真正用得起的厂家估计都没几个,更别说消费者买单与否了。

这也是为什么大多数研发自动驾驶技术的汽车厂家都认为,要实现全自动驾驶,摄像头、雷达、激光雷达这三大传感器系统缺一不可,因为只有它们各自发挥优势,共同协作,才有可能实现这一美好愿景。

(3) 毫米波雷达

毫米波雷达主要用于交通车辆的检测,检测速度快、准确,不易受到天气影响,对车道线交通标志等无法检测(见图 1-31)。毫米波雷达的工作原理是与激光雷达类似也是基于反射波来测距,当电磁波在传播时碰到另一种介质,会反弹回来,其时延是 2 倍距离/光速(见图 1-32)。

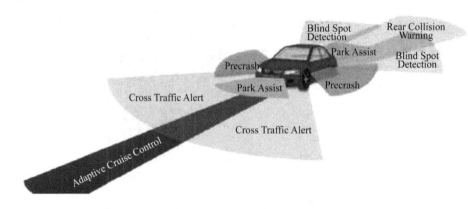

图 1-31 毫米波雷达的功能

毫米波雷达与激光雷达的一个重要区别是所采用的波长不同,激光雷达的波长在纳米级,毫米波雷达频率大致范围是 30~300 GHz,波长大概是 1~10 mm。

图 1-32 毫米波雷达的应用

从频段上来看,比较常见的车载领域的毫米波雷达频段有两类。
- 24 GHz,目前大量应用于汽车的盲点监测、变道辅助。雷达安装在车辆的后保险杠内,用于监测车辆后方两侧的车道是否有车、可否进行变道。这个频段也有其缺点,首先是频率比较低,另外就是带宽比较窄,只有 250 MHz。
- 77 GHz,这个频段的频率比较高,国际上允许的带宽高达 800 MHz。据介绍,这个频段的雷达性能要好于 24 GHz 的雷达,所以主要用来装配在车辆的前保险杠上,探测与前车的距离以及前车的速度,实现的主要是紧急制动、自动跟车等主动安全领域的功能。

在众多车载传感器中,每个传感器有每个传感器的特点,都存在各自特有的应用场景,所以未来一定是多种传感器融合的解决方案最优。

未来很长一段时间内,由于成本、性能、供应链等问题,77 GHz 雷达的分布位置和 24 GHz 雷达将会完全不同,在整车上发挥不同的功能作用,并不会简单得用 77 GHz 替代 24 GHz,而是会相当长一段时间内共存。

从探测目标来说,24 GHz 雷达的探测效果是优于 77 GHz 的。原因在于人体大部分是由水组成的,而水对波长较短的 77 GHz 电磁波的反射率更低,所以标称探测距离达到两百多米的 77GHz 雷达,其标称数据即使对金属物体适用,但对人体的探测距离大幅缩短,在驾驶速度中无法保持安全。这一特点从侧面验证了未来车载感知层的解决方案必须采用多传感融合的解决方案。

(4) 组合导航传感器

组合导航系统就是充分利用外部信息,即将全球导航卫星系统(Global Navigation Satellite System,GNSS)和惯性导航系统(Inertial Navigation System,INS)的信息,依据某种准则进行数据和信息的融合,对惯性导航系统的导航信息位置、速度、姿态等信息及惯性器件的误差进行重调和校正,以提高系统的精度、可靠性。

一定程度上来说 GNSS 高精度、全球性、实时性使导航进入了一个新纪元,在车辆上安装高精度 GNSS 接收机(RTK),便能实时测得其所在位置、运行速度和运行方向,而且精度基本可以达到用户需求。但所有的高精度 GNSS 导航设备都有一个缺点,那就接收机是必须能够检测到足够多的卫星,因此在城市峡谷、隧道等场景下,单纯的 GNSS 将变得不再可靠。

GNSS 必须接收到 4 颗以上的卫星信息才可以实现定位。GNSS 接收机在接收到卫星信号时就可以利用 C/A 或 P 码计算出卫星到接收机的距离,且通过信息接收机以获得卫星的位置信息。

如图 1-33 所示,1 个距离对应一个球面,3 个球面相交成一个点,3 个距离就可以确定纬度、经度和高程点的空间位置。

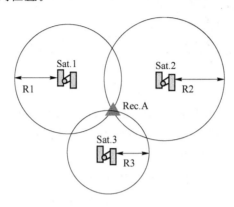

图 1-33　GNSS 定位原理

但是实际上因为卫地距离是通过信号的传播时间差 Δt 乘以信号的传播速度 v 而得到的。其中,信号的传播速度 v 接近于真空中的光速,量值非常大。因此,这就要求对时间差 Δt 进行非常准确的测定,如果稍有偏差,那么测得的卫地距离就会谬以千里。而时间差 Δt 是通过将卫星处测得的信号发射时间 t_s 与接收机处测得的信号达到的时间 t_R 求差得到的。其中,卫星上安置的原子钟,稳定度很高,我们认为原子钟的时间与 GPS 时间吻合;接收机处的时钟是石英钟,稳定度一般,我们认为它的时钟时间与 GPS 时存在时间同步误差,并将这种误差作为一个待定参数。这样,对于每个地面点实际上需要求解 4 个待定参数,因此至少需要观测 4 颗卫星至地面点的卫地距离数据。

惯性导航系统基本原理是根据牛顿提出的相对惯性空间的力学定律,利用陀螺仪、加速度计等惯性元件感受运行体在运行过程中的加速度,然后通过计算机进行积分计算,从而得到运动体的位置与速度等导航参数(见图 1-34)。其中 INS 是一种完全自主式的导航系统,能够提供精确的姿态及多种导航信息,然而位置误差会随时间增长,其导航精度主要取决于陀螺仪和加速度计这两类惯性传感器,但高精度的惯性元件也会使整个系统的成本急剧增加。

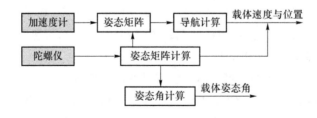

图 1-34　惯导原理

传统意义上的陀螺是安装在框架中绕回转体的对称轴高速旋转的物体。陀螺仪具有稳定性和进动性,利用这些特性制成了敏感角速度的速率陀螺和敏感角偏差的位置陀螺。由于光学、MEMS 等技术被引入陀螺仪的研制,现在习惯上把能够完成陀螺功能的装置统称为陀螺仪。

陀螺仪种类多样(见图 1-35)。按陀螺转子主轴所具有的进动自由度数目可分为二自由度陀螺仪和单自由度陀螺仪;按支承系统可分为滚珠轴承支承陀螺,液浮、气浮与磁浮陀螺,挠性陀螺(动力调谐式挠性陀螺仪),静电陀螺;按物理原理分为利用高速旋转体物理特性工作的转子式陀螺和利用其他物理原理工作的半球谐振陀螺、微机械陀螺、环形激光陀螺和光纤陀螺等。

图 1-35 不同种类的陀螺仪

根据陀螺仪的精度范围大致分为超高精度陀螺仪、中高精度陀螺仪和低精度陀螺仪(见图 1-36)。超高精度陀螺仪指精度范围在 $10^{-6} \sim 5 \times 10^{-4} (°)/h$ 范围内的陀螺仪,主要包括液浮陀螺、静电陀螺等。静电陀螺仪的精度最高,其中精度在 $5 \times 10^{-4} \sim 10^{-1} (°)/h$ 的陀螺仪为中高精度陀螺仪。中高精度陀螺仪中最有发展前景的陀螺仪是光学陀螺仪,激光陀螺属于第一代光学陀螺,光纤陀螺属于第二代光学陀螺,最近几年,由于光纤陀螺在精度、性能和尺寸上具有更大的潜力,越来越受到各国军方的青睐。精度范围超过 $10^{-1}(°)/h$ 的陀螺仪为低精度陀螺仪,目前发展前景较好的是 MEMS 陀螺仪,虽然精度低,但低廉的价格使其具有广阔的应用前景。

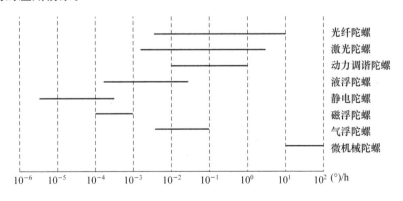

图 1-36 不同种类陀螺仪的精度范围

加速度计是惯性导航系统的另一核心元件。加速度计是用来感测运动载体沿一定方向的比力的惯性器件,可以测量出加速度和重力,从而计算载体的速度和位置。加速度计的分类(见图 1-37):按照输入与输出的关系可分为普通型、积分性和二次积分型;按物理原理可分为摆式和非摆式,摆式加速度计包括摆式积分加速度计、液浮摆式加速度计和挠性摆式加速度计,非摆式加速度计包括振梁加速度计和静电加速度计;按测量的自由度可分为单轴、双轴、三轴;按测量精度可分为高精度(优于 10^{-4} m/s²)、中精度($10^{-2}\sim 10^{-3}$ m/s²)和低精度(低于 0.1 m/s²)三类。

图 1-37　不同种类的加速度计

第 2 章　车联网的应用

随着社会经济的发展,城市规模的不断扩大,来自安全、交通拥堵、环境影响等多方面的交通问题已经成为困扰城市发展的重大难题。车联网技术构建出一种面向汽车的移动互联网,通过在车辆之间,车辆和路侧设施以及车辆与交通管理平台之间进行实时、高效的信息交互实现交通智能化,避免因司机驾驶能力差、感知能力不足及反应速度慢等问题造成的交通事故;通过感知设备和路网信息获知前方道路信息,选择拥堵躲避路线;同时通过合理的驾驶行为有效地降低车辆油耗,从而达到降低排放的目的。车联网提出将人、车、路、云关联起来形成控制闭环,以此实现交通智能化,并推动汽车、电子、信息通信和道路交通运输等行业深度融合。

2.1　信息服务典型应用场景

信息服务是提高车主驾车体验的重要应用场景,是车联网应用场景的重要组成部分。车联网的应用最开始就是以车载信息服务的形式进入汽车行业的。传统的车载信息服务从汽车的中控台发展而来,为驾驶人员提供车辆状态信息。最早的车载信息服务是在 1924 年由雪佛兰在汽车中控台上装配的无线电收音机为开端的(见图 2-1)。其后汽车音响、录音机卡带和 CD 唱片等娱乐方式逐步引入,随着多媒体技术的发展,中控台演变成集合导航功能、收听广播、播放 CD 为一体的车载信息娱乐系统。在智能化的车载信息娱乐系统中还支持语音控制,解放了驾驶员的双手,中控台逐渐成为一个可以综合提供车载信息功能、车辆控制功能和车辆状态的综合平台(见图 2-2)。

图 2-1　最早的车载收音机(雪佛兰中控台)　　图 2-2　智能化的车载信息系统(特斯拉中控台)

在车联网应用中,信息服务突破了原有信息局限于车辆内部的局限,将车辆本身和外界信息服务平台联系起来。车载信息系统包括内联电子控制系统、外联车联网信息服务平台的车载信息服务单元和中控台的车载信息娱乐系统,构成了车联网汽车的车载信息服务终端。车载信息服务终端经蜂窝移动通信系统和移动互联网连接到车联网服务平台,可以实现车载娱乐信息、远程故障诊断、维修保养、驾驶人员行为分析及车联网保险业务和汽车分时租赁等来自大数据的车载信息服务。典型的信息服务应用场景包括紧急呼叫服务、车载通信服务、车载信息娱乐服务、汽车导航服务、商业运输管理服务、信息公告服务、停车信息服务和电子支付服务等。

2.1.1 紧急呼叫服务

紧急呼叫服务是指当车辆出现紧急情况时(如安全气囊引爆或侧翻等),车辆能自动或手动通过网络发起紧急救助,并对外提供基础的数据信息,包括车辆类型、交通事故时间地点等。服务提供方可以是政府紧急救助中心、运营商紧急救助中心或第三方紧急救助中心等。该场景需要车辆具备 V2X 通信的能力,能与网络建立通信联系。

在交通事故的紧急呼叫服务中,依托城市紧急救助系统,将 110 报警服务台、119 火警、120 急救和 122 交通事故报警纳入统一的指挥调度系统;为交通事故的道路救援提供伤员救治、道路疏导等服务。除此之外,也可以和汽车生产厂商和汽车信息服务商一起提供包括拖吊、换水、充电、换胎、送油和现场小修等故障车服务。

目前以通用、奔驰为代表的一部分汽车品牌的部分车型已经配备一键救援功能(见图 2-3)。此功能是以汽车生产厂商的客户服务中心提供的服务为主,以 GPS 卫星实时获取车辆的位置信息,并通过无线通信信号将车辆位置信息和呼叫类型及时传送到数据中心。统一的指挥调度系统还需要进一步的建设和完善。

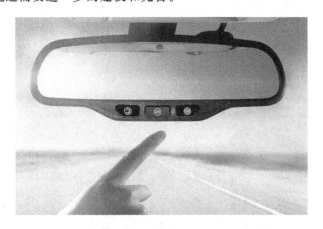

图 2-3 通用安吉星(OnStar)一键救援系统按钮

2.1.2 车载通信服务

车载通信服务是指利用车载信息服务终端的语音和数据通信功能,为驾驶或乘车人员提供接听和拨打电话、收发短信或者收发电子邮件,访问互联网等通信服务。

语音通话是车载通信业务最基本的功能。一些车载信息服务终端配置有数字拨号键盘,一些车载终端支持语音拨号,通话过程中优先支持免提方式。语音通话服务需要车载通信终端和移动网络等基础设施的支持,车载信息服务终端可插入网络运营商的用户身份识别卡(SIM 卡),车载终端的 SIM 卡可与驾驶人员的用户智能终端的 SIM 卡捆绑在同一账号下,进行统一付费。

数据通信服务是随着移动互联网的快速发展而发展起来的。目前,4G 网络的传输速度可以达到的理论峰值为下行 100 Mbit/s,上行 50 Mbit/s,为车载通信服务的顺利进行提供了保障。

目前,中国移动已经和部分汽车品牌联合启动战略合作,为车载信息系统提供 4G LTE 服务,包括车载 Wi-Fi 热点,网络视频观看等,并通过不同的流量套餐服务,满足不同用户的差异化需求。另外,中移物联网有限公司也推出了一系列如 4G 智能车载魔盒(见图 2-4)、和云镜(见图 2-5)等独立的车联网信息服务类产品,将 4G LTE 通信技术与车载信息终端较好地结合起来。

图 2-4 中移物联网公司的 4G 智能车载魔盒产品

图 2-5 中移物联网公司的和云镜产品

2.1.3 车载信息娱乐服务

车载信息娱乐服务就是为驾驶人员在驾驶期间提供信息与娱乐服务。为了驾驶安全,信息与娱乐服务主要以听觉为主,包括无线广播电台、报纸和互联网新闻播报、音乐播放、天气和交通信息。从最早的车载无线收音机开始,随着信息技术以及消费电子的快速发展,移动设备上的功能概念、设计思路也逐步被移植到车载系统中。而车载信息娱乐系统在这一背景下,出现并得到快速的发展。无论是高端车型,或者是中低端车型,车载信息娱乐的功能都越来越多,集成化程度越来越强(见图2-6)。随着人们对驾驶行车的舒适性、便捷性和安全性要求的提高,车载信息娱乐系统的产品发展与沿革也追循着这样的市场需求方向。

图2-6 车载信息娱乐服务界面

在Telematics汽车信息服务解决方案中,通过无线通信技术将车载终端与车联网信息服务平台相连接,采用先进的语音识别平台,可以使驾驶人员简便、安全地获得丰富的信息资源,也可以使驾驶人员通过网络平台定制播放内容,或者基于使用习惯进行智能化的推送。信息娱乐内容提供商与车联网服务平台提供商合作,提供海量娱乐信息,改变了原有驾驶员需要将内容下载到智能终端上进行播放的模式。

2.1.4 汽车导航服务

汽车导航服务是指由汽车导航服务提供商利用卫星导航、基站定位等定位技术,通过车载信息服务终端为驾乘人员提供导航服务、位置查询、实时路况和在线更新地图等服务。传统的车载导航服务系统,由于其界面操作不够友好,信息更新慢,限制了汽车导航服务的灵活性;同时,目前汽车自带的导航系统是离线服务,无法实现对交通情况的实时跟踪,因此无法完成开车出行时的路线规划。因此,在实际使用中,人们更多地使用能够在线升级和进行路线规划的手机导航。

车联网可以实现车-云协同通信,改变了原有车载导航服务的现状,升级了汽车导航服务。特别是在我国北斗卫星导航技术进步的基础上,出现了定位精度达到$1\sim 3\ \mathrm{m}$的高精度定位。米级精度可以将基于路网的导航模式升级为基于车道级的导航应用,如车道路径规划。高精度定位和通信技术的结合,可以完成精确的路径规划和时间估计,从而进一步解决安全和交通拥堵问题。

目前,部分车载信息服务商已经开始提供基于车联网平台的解决方案和产品(见

图 2-7），通过大数据挖掘，分析导航经验轨迹、POI 信息、用户习惯和用户意图等数据，从而实现导航目的地预测、路线预测和智能搜索等功能。

图 2-7　四维图新 WECLOUD 车联网平台

2.1.5　商业运输管理服务

车联网商业运输服务是指为商业车队及其车队驾驶人员提供车辆大数据信息的服务，包括车辆生产销售、车辆运力优化、车辆安全管理、车辆维修保养管理和商业运输车辆保险等。

目前，商用车行业正在快速崛起，面向司机、车主、车队、物流公司和车厂等关联行业用户，车联网可以整合信息资源，完成以司机为核心，打破各个系统间信息孤岛的局面，实现大数据在全链条、全价值链的打通。同时，也可以完成商用车生产、销售、使用和二手车等全生命周期的价值管理。

在生产销售环节，准确把握用户需求，实时更新用户画像，增强用户黏性，辅助车厂制订排产计划和营销策略，促进车厂销售。

在车辆运力优化环节，为商业车队提供运输任务动态调度、运输线路优化和运输导航业务，使运输货物准时送达，减少不必要的车辆行驶里程和空驶率，降低油耗与运输成本，降低商业运输车队的运营成本，提升生产效率和利润空间。

在车辆安全管理环节，通过商业运输服务云平台管理车队驾驶人员的驾驶行为和车辆运行状况，一方面，根据驾驶人员的驾驶时间和休息时间合理安排驾驶人员的工作日程，避免驾驶人员出现疲劳驾驶；另一方面，对驾驶人员的驾驶行为数据进行标准化分析和打分，促进驾驶人员良好驾驶习惯的养成，减少汽车损耗及能源消耗，降低车辆事故风险。

在车辆维修保养管理环节，通过商业运输服务云平台对商业车队车辆的运行状态数据进行采集和监测，完成故障诊断、维保跟踪、线上预约、高效维保和维保效率提升。

在商业运输车辆保险环节，感知用户风险，评价用户信用，拓展金融风险细分领域，提供相适应的保险条款和价格，提升服务水平。

目前，车联网商业运输服务商已经在具体商业应用上推出了比较成熟的产品，如图 2-8 所示的四维图新推出的商业运输服务系列产品，就是典型代表。

图 2-8　四维图新推出的商业运输服务系列产品

2.1.6　信息公告服务

信息公告服务是指在道路旁的商店、餐馆等娱乐服务场所安置路边单元,并周期性地广播服务场所的服务内容(见图 2-9),如开业时间、等待时间和价格等。当车辆接近路边单元时,能够自动获取广播的服务信息,并推送给司机。司机可以进一步与路边单元建立点对点连接,接收更细节的服务信息。

数字广告公司 Placecast 据此推出了商家提醒(ShopAlerts)业务,即当人们驾车经过某一个商场时,Placecast 就会将这家商场的促销信息投送到车内的屏幕上,并且还会将这个促销信息发送到车内的无线电中,以广播的方式向司机进行播报。

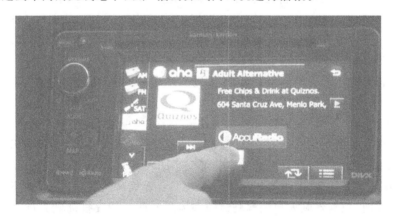

图 2-9　信息公告服务

2.1.7　停车信息服务

停车信息服务是指在汽车进行停车时,在停车场入口安置路边单元,并负责控制停车场入闸。车辆行驶到停车场入口附近时,会收到停车场的通告信息,车辆与路边单元建立点对点连接,交互授权信息,并获得授权进入停车场。

如图 2-10 所示,ETCP 推出的停车信息服务可以使车辆在接近停车场入口时,不需要人为干预,可自动获得路边单元的授权并进入停车场。

图 2-10　ETCP 推出的停车信息服务

2.1.8　费用支付服务

费用支付服务是指在车辆行驶过程中,由路边单元发布与地理位置或者兴趣消息相关的信息,并具有处理来自车辆的本地电子支付请求(如电子钱包等)的能力,最终协助司机完成商品购买、停车费用和汽车租赁服务等支付。

司机可以自动完成与车辆位置相关的费用支付,而不需要任何人工操作,为司机带来便利。

目前高德推出 A+Box 解决方案(见图 2-11),就提供了用户在停车场停车后,地图能够自动将位置记录推送到用户手机,以方便用户找车;当用户驶离停车场时,系统会通过绑定的支付宝账号自动完成无感支付。

图 2-11　高德 A+Box 解决方案

2.2 交通安全典型应用场景

交通安全应用是车联网的一个重要应用。汽车从诞生之日起,如何提高驾驶安全性就一直是汽车生产者和交通管理者关心的重点问题。车辆行驶过程中遇到的如复杂多变的道路几何特性,雨雪大雾等特殊天气环境,人为原因如醉酒驾驶、肆意变道等情况都会威胁到人们的财产安全与生命安全。装有无线通信设备的车辆在行驶过程中,不断地广播其位置、行驶速度和行驶方向等运动状态信息,可以有效降低驾驶风险。通过车车、车路之间的信息交互,系统结合本车的运动状态信息和接收到的周围车辆的运动状态信息进行综合判断,判断本车与周围车辆是否有碰撞的可能,然后向驾驶员发出警报或采用自动紧急制动等控制方法提前采取措施。车联网的交通安全应用可以有效地避免由于驾驶员疲劳、大型车辆遮挡或者交叉路口盲区等情况造成的交通事故。

交通安全应用还可以用于在出现交通事故后,通过车辆与车联网管理平台的信息交互,及时通知应急管理中心、交通管理中心、道路救援企业和医院等进行处置,减少伤亡,降低对道路交通的影响。

2.2.1 协同驾驶防碰撞应用

协同驾驶防碰撞通常应用在车与车之间的通信,当车辆行驶在交通状况比较复杂的路段,可通过无线通信在车辆之间传送周围车辆的有关运动状况、地理位置信息,帮助驾驶人员更好地了解视野范围外的交通状况。当行车前方发生了紧急交通事故时,及时广播的告警消息也可以给后方车辆提前预警,给驾驶人员预留更多的时间采取紧急措施,进而与周围或者前方的车辆协同驾驶,这可将交通事故发生的概率大大降低,对人身安全和财产安全起到很大程度的保护作用。

2.2.2 十字路口闯红灯警告应用

十字路口闯红灯告警应用通常应用在车与路边基础设施之间,在十字路口的红绿灯上通常装有能接收消息的信号灯,它可接收在其通信范围内的车辆广播的信息,如地理位置信息、运动状况等,路边通信单元会对这些信息进行分析,如果发现有类似闯红灯倾向的车辆则会在周围进行广播,并提醒周围车辆注意安全。

2.2.3 车道变更警告应用

车道变更告警常用于高速路车道变更的场景。当位于右侧慢车道的车辆想要变更到左侧的快速车道时,该车将会广播一个变更车道的告警消息,提前通知前后同向行驶的邻居车辆,避免因为视线障碍造成多个车辆同时变更车道危险情况的发生。

2.2.4 高速追尾预警应用

高速追尾预警应用类似于协同碰撞预警应用。基于车车通信,以前车位置、行驶方向和道路状况等信息作为碰撞报警的决策依据,考虑不同的驾驶员接受度,实时对比警告信息和行驶环境,以此设计不同的警告策略。在基于广播式车车通信方式的高速追尾预警系统,当头车紧急制动时,采用车车通信方式及时将制动信息发送至后方车辆,从而使后续车辆在其前车未开启制动灯时即采取制动,有效避免连环碰撞的发生。

2.2.5 应急车辆事故应答应用

事故车辆(车辆碰撞或者危险品车辆事故)应答应急车辆相关信息:车辆位置数据、车辆状态数据(如安全气囊是否打开、发动机工作状态等)或危险品种类及其泄漏情况等,以便应急车辆提前准备。

2.2.6 车辆安全警告应用

在车联网安全应用中,基于本车车载终端产生的安全警告应用是指通过汽车实时接收到周边全部车辆的位置、行驶和操作数据时,该车便可以建立一张以本车为中心,反映与其他周边车辆的相对位置、相对速度及行驶方向的动态地图;当其他车辆与本车相对距离小于基于相对速度而产生的安全距离时车载终端会向驾驶人员发出相关的安全警告。这里所提到的安全警告是面向驾驶员的操作提醒,提示驾驶员进行适当的操作(踩油门、踩刹车和操作方向盘等)。具体的安全警告应用包括以下内容。

① 盲区有车警告:提醒驾驶人员盲区有车,或者盲区很快将被另一同方向行驶的车辆占领。

② 车辆失控警告:车辆失控时,向周围车辆广播失控事件,接收车辆对驾驶人员提出警告。

③ 前方会车请勿超车警告:超车区域被前方反向行驶的车辆占领时,警告本车司机不能超车。

④ 紧急制动警告:在本车紧急制动时,向周围车辆广播紧急制动事件信息(车辆操作数据)。当周围车辆收到紧急制动事件信息时,接收车辆计算确定与该事件的相关性,必要时向驾驶员发出警告,以避免碰撞。

⑤ 应急车辆经过警告:当有应急车辆(救护车和消防车等)时,应急车辆向周围车辆广播。接收车辆提醒驾驶人员应急车辆的位置和行驶状态,以避免本车驾驶人员干扰应急车辆的行驶。

⑥ 前向碰撞警告:车辆终端从前方同一车道车辆接收其车辆位置和车辆速度(车辆行驶数据),当距离太近时,提醒驾驶人员可能追尾碰撞。

⑦ 岔路口驾驶警告:在车辆进入岔路口时,向周边车辆广播车辆位置、车辆行驶和车辆操作数据,本车根据周边车辆的位置、行驶和操作数据进行计算,确定可能出现的车辆碰撞概率,当碰撞概率较高时向本车驾驶人员发出警告。

⑧ 摩托车接近警告:在有摩托车从后面或交叉路口接近时,摩托车向周边车辆广播车辆型号(摩托车)、车辆位置和车辆行驶数据。当碰撞概率较高时向汽车和摩托车驾驶人员发出警告。

⑨ 危险道路状况警告:根据从远方车辆接收到的危险的交通状况数据、道路基础设施数据和车辆操作数据,综合判断是否存在危险,以便采取应对措施,并向周边车辆接力广播危险交通状况数据和本车车辆操作数据。

⑩ 慢速或临停车辆警告:在本车接近前方缓慢移动或临停的车辆时向驾驶人员发出警

告,车辆慢速的原因可能是特种车辆或碰撞、故障原因造成的。本应用可与前向碰撞警告结合使用。

2.2.7 交通标志提醒应用

在车联网应用中,除了车车通信协同通信以外,车路、车云的协同通信为车辆发送本区域周边道路交通的数据。例如,交通标志、交通信号、交通状况和道路基础设施数据,使来往车辆根据本车的行驶、位置和方向,判断可能出现的危险或违规情况,必要时向驾驶人员发出提醒或警告。具体的应用如下。

① 弯道车速提醒:在汽车接近弯道时,弯道的路侧终端向车辆和驾驶人员发出警告,并推荐行车速度,如果路侧终端感知车辆实际的行车速度超过推荐的弯道速度,则向驾驶人员发出警告。

② 车载标志提醒:本车的车载终端(OBE)向其他车辆驾驶人员等道路交通参与者提供交通管理和警告信息,起到临时交通信号灯或交通标志的作用,主要提供临时性的交通标志数据(如封闭道路、车道封闭、车道位移和临时性限速等)。

③ 超大尺寸/重量车辆提醒:路侧传感设备感知车辆基本数据(重量和尺寸,也可预先存储在车载终端)后,由路侧终端将该数据与道路基础设施数据(如桥梁尺寸、隧道尺寸或桥梁最大负重)一起发送到车载终端,如有危险,车载终端向驾驶人员发出警告。

④ 人行横道行人提醒:路侧传感设备或行人按钮感知人行横道的行人位置,并通过行人的智能终端或路侧设备向行人发出警告,通过路侧终端向车载终端发出人行横道有行人的提醒。

⑤ 铁道闸口提醒:路侧终端向车载终端发出铁道闸口有列车即将通过或正在通过的提醒或警告,并将铁道闸口的道路尺寸等道路基础设施数据发送给车载终端。

⑥ 红灯即将出现提醒:在汽车接近有交通信号灯的交叉路口时,路侧终端向车载终端发出交叉路口的交通控制数据以及交叉路口的道路尺寸等道路基础设施数据,车辆同时根据自身的车辆行驶数据计算是否会闯红灯。

⑦ 限速行驶与车道封闭提醒:在汽车接近限速的区域或车道封闭时,路侧终端(或者手提式路侧终端)向车载终端发出临时交通标志信息(主要是限速信息、车道封闭和车道位移信息)提醒,使车辆据此做出判断。

⑧ 禁行车道提醒:汽车接近禁行车道时,路侧终端向车载终端发送交通标志数据,如果车辆已处于禁行车道,则向司机发出警告。

⑨ 受天气影响的危险区域提醒:在汽车接近受恶劣天气影响(大风、洪水、冰、雾霾)的危险道路或封闭道路时,路侧终端向车载终端发出提醒或警告,并告知气象状况数据和临时交通标志数据。如果出现道路封闭,则还需向车辆提供改变行驶线路建议。

⑩ 无信号灯岔路口停车提醒:路侧传感设备采集主干道的交通流量等交通状况数据,然后将其发给停于非主干道的车辆,并适时地发送主干道有车通过的提醒或警告。

⑪ 无信号灯路口停车标志违规提醒:当车辆接近停车标志时(主要用于非主干道),路侧终端向车载终端发送停车标志数据以及路口的道路尺寸数据,例如,车载终端根据本车的车辆行驶数据(主要是速度和距离)计算发现该车可能违规,则向驾驶人员发出提醒。

⑫ 车辆接近施工区提醒:在有车辆即将驶入施工区时,施工区内的路侧终端或应急车

辆的车载终端向施工区内工作人员的智能终端设备发送潜在危险警告,同时向车载终端发送交通状况数据(车道有障碍物、施工区等)和临时交通标志数据(车道关闭、车辆限速等)。

⑬ 碰撞后事故发生提醒:在车辆发生碰撞后,本车的车载终端向周边车辆以接力方式发送反映交通事故的交通状况数据。

⑭ 应急通信与疏散提醒:其目的是在发生交通事故后,应急管理中心通过协调相关资源来疏散相关区域的人员,并进行迅速有效的处置,包括协调交通管理中心、公路管理中心、公交管理中心、道路救援企业和医院等。

2.3 交通效率典型应用场景

随着我国经济快速发展,汽车保有量逐年增加,随之而来的是日益严峻的交通安全以及交通拥堵问题,交通拥堵会导致每个出行者的平均出行时间大大增加,从而对社会造成极大的直接和间接经济损失,并且交通拥堵会导致机动车尾气排放量增加,从而造成环境的污染。交通拥堵问题是迫切需要解决的一个重要问题。之所以发生交通拥堵,一般情况下是由于道路的某一个局部通行能力不足或某个突发交通事故而使得车流的速度降低,导致车流密度迅速增加,车辆长时间大范围地排队,因为车流的快速运动会使得交通拥堵迅速扩散延伸,最终可能会出现全路网瘫痪的现象。由此可见,准确、全面、有效地获取交通状态实时和预测信息并根据这些信息制定有效、及时的交通拥堵疏导策略是缓解城市交通拥堵和保障交通运行效率与安全的一个重要依据。

随着车联网技术的发展,利用车车、车路协同通信和蜂窝移动通信方式交换车辆数据、交通运行数据和行人位置数据,可以为交通拥堵状态判别提供依据,及时了解交通拥堵的时空扩散范围和交通状态的变化趋势,给交通出行者一个可靠的道路规划建议,从而避免交通拥堵状态的恶化,尽快疏导拥堵现象,提高交通运行效率。

2.3.1 驾驶风险预测

不同驾驶人的驾驶行为特征存在着明显差别,不同驾驶技能和不同经验的机动车驾驶人混合行驶,会使得道路交通系统运行变得不稳定,车流行驶速度降低,从而导致道路交通拥堵发生。另外,有些交通安全意识不是很强的机动车驾驶人会在交通状况本来就不好的道路上进行一些非常不文明的驾驶行为,如急停猛拐、强行超车、见缝插针,这些驾驶人的不文明驾驶行为会导致拥堵持续时间进一步加长甚至出现堵塞停滞的情况。驾驶人的不文明驾驶行为是城市道路拥堵的主要原因之一。

驾驶风险预测应用于通过车联网平台采集的车辆信息中,车辆的加速度和速度信息与交通安全紧密相关并能够反映大部分驾驶行为的相关特征。如车辆加速度能够体现机动车驾驶人员的驾驶行为中是否出现了急减速或急加速,车辆速度的提高也增加了交通事故发生的风险。超速行驶会导致机动车驾驶人员视野变窄、视力下降、应变变差,一旦遇到紧急情况,会导致采取应变措施的反应时间减少,同时由于车辆制动距离也随着车速的提高而增加,因此超速行驶大大增加了交通事故发生的可能性,是导致交通事故发生的最主要诱因之一。

驾驶风险预测应用于通过车联网平台提取驾驶行为评价的特征参数,运用合适的算法实现驾驶行为在线评估。通过分析车辆加速度，车辆速度，以及车车协同通信获得的跟车距离，前车行驶速度等参数，估计发生事故的风险大小，如有需要，则对驾驶人员提出警告。

2.3.2 交通拥堵警告

所谓交通拥堵，指的是当道路的交通需求超过其通行能力最小地点（瓶颈）的时候，道路的交通状态会因此而发生改变，出现交通拥堵的现象，此时，道路会失去其正常的通行能力和服务水平，需要交管部门准确、及时地判别交通拥堵发生的原因，并采取相应的措施使得交通恢复到正常水平。

通常情况下交通拥堵被划分为两种：常发性和偶发性拥堵。常发性拥堵说明道路承载能力不足，需要政府部门规划城市路网结构，不断在道路基础设施中投入更多的物力和财力；偶发性拥堵指的是由于交通事故等突发事件所引起的道路通行能力短时间内急速下降并低于当时的交通需求而导致的道路拥堵。因此此类交通拥堵发生前后，反映交通拥堵状态的交通流量、速度和交通密度三个基本参数均呈现突变的变化。

交通拥堵警告应用通过交通流参数的历史数据分析结果作为实时交通状态判别的相对标准，可以有效识别道路交通拥堵状态并对交通拥堵状态进行预测，对于发生拥堵风险较大的道路提出警告。该应用能够为交通管理部门掌握道路交通拥堵状态提供有效、科学的途径，便于及时采取交通疏散与诱导的措施，并能够为交通出行者选择最优出发方式、出发时刻及出发路径提供良好的决策依据。

2.3.3 智能交通信号控制

落后的交通信号控制系统也是造成交通拥堵的重要因素。有些道路上交通信号设置不合理，不能随着交通流量的变化而变化，因此造成道路的某些通行方面上资源利用不足，而其他通行方面上又非常容易产生拥堵。车联网应用中的智能交通信号控制应用，通过无线通信技术采集交叉路口车辆信息，并传送给主控中心以实现交通信号灯的智能控制，以有效缓解拥堵问题，提高道路通行能力。

智能交通信号控制应用选择合适的交通灯上的监控设备安装，基于车-网协同通信原理，采集路口数据，分析其联合通过率和试图最大限度地通过路网的车辆数量时，考虑相邻的交叉口，为各路段提供公平性，实现了干道的绿波控制（见图2-12）。使用智能交通灯系统可以有效地控制交通拥挤，准确地对附近交通信号的影响进行离线估计。干道"绿波"控制就是智能交通信号管理的一个选项，它指在指定的交通线路上，当规定好路段的车速后，计算车辆通过某一路段的时间，再对各个路口的红绿灯信号进行协调，使行驶在主干道协调控制的交叉口的车辆，可以不遇红灯或者少遇红灯地通过这个协调控制系统中的各交叉口，从被控制的主干道路各交叉口的灯色来看，绿灯就像波浪一样向前行而形成绿波。实施智能化的绿波方案，可以使行程时间大幅减少，路段行驶速度提升，停车次数减少，道路的通行效率提升明显。

2.3.4 动态路径规划

汽车导航和路径规划将全球定位系统技术、地理信息系统技术、电子技术及计算机技术等各种高新技术融合在一起，这一应用为人们出行带来了便利。汽车通过车载的导航仪器接收卫星数据,在电子地图上显示车辆的当前位置、行驶方向和离目的地的距离等信息,根据距离最短准则在当前已知路网范围内选择最优的行驶路线。传统的车辆导航系统大多基于静态的路径规划,然而静态的路径规划不能及时应对变化的道路状况,尤其在发生交通事故和交通堵塞时,静态路径规划不能及时改变路线。

图 2-12　干道绿波控制

动态路径规划基于历史的、当前的交通信息数据对未来交通流量进行预测,并用于及时调整和更新最佳行车路线,可以有效减少道路阻塞和交通事故,成为车联网应用的重要分支。动态路径规划可以帮助司机选择最佳路径,提高效率,为司机提前提供道路信息,如道路转弯、交通事故易发区的提示,降低交通事故发生率。如何有效地利用实时交通数据来预测未来几分钟或几十分钟内的交通状况更是动态路径规划的关键,在车联网应用中,通过车联网管理平台,搜集交通流量、速度、交通密度等交通流参数,进行短时交通流预测,即预测目标道路 5~15 min 的交通流量,并以此为依据进行动态路径规划。

2.3.5　道路管理应用

良好的道路状况是交通顺畅的保证,如高速公路上废弃物的存在会导致交通拥堵,甚至交通事故的发生。由于路网分布范围广,目前在道路的管理和养护还在使用传统的方式,导致实际维护的效率低下,无法保证公路的正常运行。

道路管理应用利用车联网进行数据收集、分析、处理,发现潜在安全隐患可以预先告知公路管理中心;在另一方面也可以结合道路基础设施、交通状况、道路性能以及道路气象等数据,为公路管理中心提供道路养护决策依据,公路管理中心以此制定道路养护计划,调度道路养护车辆,进行道路管理。

2.4　自动驾驶典型应用场景

如前所述,实现自动驾驶一直是人类的梦想。车联网技术发展过程中,自动驾驶应用也是业界关注的热点。根据中国信息通信研究院发布的《车联网白皮书(2017)》,自动驾驶被认为是车联网服务的第三阶段,通过高级/完全自动驾驶解放驾驶者双手和大脑,将驾驶者注意力释放,车联网业务形态将进入快速迭代和极大丰富阶段,汽车空间真正开放给业务开发者,形成汽车和交通环境下的信息服务新生态。目前,以谷歌为代表的IT企业已经加入自动驾驶车辆的研发行列,并取得相当瞩目的进展。

在汽车智能化和网联化深度融合的基础上,自动驾驶应用通过车载传感设备感知视距范围内的车辆环境,面对非视距的路况,如交叉路口、急弯处、山顶处,需依靠V2X协同通信交换车辆数据和交通运行环境数据弥补。通过人工智能算法识别车辆环境和交通运行环境,并与高精度地图的静态和准动态数据进一步融合,形成实时的3D车辆环境感知地图,通过人工智能算法形成驾驶轨迹规划和驾驶决策,再与汽车的电子控制系统结合,独立实现对车辆的自动驾驶。

2.4.1 自动驾驶通勤出行

在日常的出行中,地铁或公交等公共交通方式,通常只能解决到主干道路边或主要区域入口的交通问题。特别是对于机场、港口、和产业园区等大面积的区域,"最后一公里",成为这些区域"上班族"日常通勤的出行难题。

在产业园区内,想实现公共交通站点到办公地点的通勤需求,对于自动驾驶车辆来说,行驶速度较慢,距离较短,行驶环境简单,因此自动驾驶通勤出行的实现相对比较容易,采用自动驾驶通勤出行,设置固定的行驶路线和停车地点,可以解决绝大多数的通勤需求。

目前,多个国家正在测试的自动驾驶公交车基本都是在较短范围内行驶(见图2-13),通过采集人类开车习惯并大数据化,来优化机器算法,完成路径决策和规划。

图2-13 软银自动驾驶巴士

2.4.2 智能物流配送

随着电商的发展和日益成熟,收快递、发快递……如今,快递已成为人们日常生活的一部分。我国快递业正以每年100亿件的增幅高速增长,根据国家邮政局邮政业安全监管信息系统实时监测,2018年12月28日,一件从陕西武功寄往北京的快递包裹,成为2018年第500亿件快件——这意味着我国快递业年业务量超过美、日、欧等发达经济体总和,快递业年业务量连续5年居世界第一。

快递业的蓬勃发展,离不开电子商务的庞大市场,两者相辅相成。伴随着电商的发展和日益成熟,物流成为各个电商企业竞争强有力的筹码,以"双十一"的购物节为例,"双十一"单量每年按照30%的速度增长,如何将这些快递迅速地送到顾客手中,物流的配送速度和质量也成为衡量电商企业的重要指标。电商平台在公布商品销售业绩的同时,也开始公布自己的物流服务速度。2016年"双十一",阿里对外公布:"截至凌晨13分19秒,2016年天猫"双十一"完成第一单的签收。据菜鸟方面表示,该笔订单用时0.9秒付款成功,6分51秒商品完成打包从仓库发出,13分19秒签收成功。"而到了2017年"双十一",完成第一单的时间为12分18秒。

其背后支持的技术应用就是智能物流。目前,自动化分拣系统成为快递企业标配,菜鸟网络、京东物流的仓库中,机器人的身影也随处可见。电子面单开始大规模普及,免去快件录单环节,配合自动化分拣设备,极大地提高了分拣效率。全数字化流程的实现,为统筹全网,实现智能路由、提前预测备货等提供了可能。自动化分拣系统的成熟,使得物流的成本慢慢转移到庞大的快递员队伍,因此物流企业一直寻求更合理的解决方式。

无人机快递已经在顺丰、亚马逊等电商企业开始使用,对于较大重量的货品,智能物流配送应用成为较好的选择。车联网技术的进步促进了智能物流机器人的发展。行驶时通过摄像头和雷达来识别周围环境,完成路径规划和自动驾驶功能

2017年日本的机器人开发创业公司ZMP开发的智能快递机器人CarriRo Delivery(见图2-14),最多能承载100 kg货物,该机器人可以完成从快递集散地到顾客家的"最后一公里"配送,既可以减轻快递人员的负担,也能给消费者带来更大的方便。

图2-14　ZMP公司的智能快递机器人

2018年京东物流配送机器人从封闭园区走向开放道路,实现全场景运营(见图2-15)。智能配送机器人具备自主导航行驶、智能避障避堵、红绿灯识别、人脸识别取货能力,可以为周边居民提供物流配送服务。

图 2-15　京东智能配送机器人

2.4.3　智能环卫

城市环境卫生是城市管理的重中之重,也是城市管理水平提升和居民生活质量提高直观、直接的标志之一。随着城市化、城乡一体化进程的加快和各项创建活动的深入开展,城市管理环境卫生工作得到普遍重视和加强。传统的环卫保洁工作一直是粗犷的管理模式,工人工作效率、清扫效果、环卫车辆、环卫设施等问题一直困扰着环卫部门,这些问题也导致了环卫作业的效率难以提升。

智能环卫应用,通过车-云协同通信,让无人驾驶清扫机器人来替代清洁环卫工人进行作业,解决了人行道复杂清扫环境的环保作业问题,完成智能清扫、实时监控、扫描构建地图,自主完成清扫任务。智能环卫将能够有效降低各项成本投入,避免清扫环卫工遭受危险,并实现解放劳动力、提高工作效率优化。目前已经推出的环卫机器人,利用自动驾驶技术,可以自动感知到周边行人、车辆、动物等物体,还能对垃圾进行精准的追踪清扫,并会根据地面垃圾种类及负荷,调整作业车速、扫盘转速、风机功率等作业参数,实现节能清扫(见图 2-16)。仅用一台机器一天就可以完成 6～9 个清洁工的日工作量,大大促进环保事业的发展。

图 2-16　智能环卫应用机器人

具体的应用中,智能环卫包括人员、车辆作业的自动管理,采用无线通信技术实时数据回传,可以随时掌握人员和车辆信息;通过规划作业区域与路线,利用车辆终端进行作业质量的高效监察,保证了环卫工作的质量;在另一方面,也可以完成员工位置实时定位,为突发情况提供位置信息。

2.4.4 无人驾驶

安全是拉动自动驾驶技术需求的主要因素;在另一方面,将人们从驾驶中解脱出来也是自动驾驶技术发展的一大动力。无人驾驶应用利用车载传感器来感知车辆周围环境,并根据感知所获得的道路、车辆位置和障碍物信息,控制车辆的转向和速度,从而使车辆能够安全、可靠地在道路上行驶。

以 Google 公司的无人驾驶汽车为例,手动驾驶车辆需要通过人的感官收集的信息,人脑进行判断,并传递给手脚完成踩油门、制动或转向等驾驶行为。在无人驾驶中汽车摄像机、雷达传感器和激光测距仪来"看到"其他车辆,并使用详细的地图来进行导航。将大量收集到的信息进行转换处理成为路径规划和驾驶行为判决的依据是无人驾驶的基础,如此巨大的数据处理是否及时是无人驾驶实现的关键,通过车-云协同通信技术,由谷歌的数据中心完成数据处理,并将判决结果传给车辆。Google 无人驾驶汽车行驶时不需要人来操控,这意味着方向盘、油门、刹车等传统汽车必不可少的配件,在 Google 无人驾驶汽车上通通看不到,软件和传感器取代了它们(见图 2-17)。

图 2-17 Google 公司的无人驾驶汽车

2013 年,百度公司也加入自动驾驶研究队伍,其市场定位是自动驾驶人工智能软件开发与服务提供商,为车厂提供 L3 和 L4 级别的自动驾驶系统。百度将利用现有的大数据、地图、人工智能和百度大脑等一系列技术应用到无人驾驶应用中。自主采集和制作的高精度地图记录完整的三维道路信息,能在厘米级精度实现车辆定位。同时,百度无人驾驶车依托国际领先的交通场景物体识别技术和环境感知技术,实现高精度车辆探测识别、跟踪、距离和速度估计、路面分割、车道线检测,为自动驾驶的智能决策提供依据。

目前,百度无人驾驶汽车可自动识别交通指示牌和行车信息,具备雷达、相机、全球卫星导航等电子设施,并安装同步传感器(见图 2-18)。车主只要向导航系统输入目的地,汽车即可自动行驶,前往目的地。在行驶过程中,汽车会通过传感设备上传路况信息,在大量数据基础上进行实时定位分析,从而判断行驶方向和速度。

图 2-18　百度公司的无人驾驶汽车

第3章 车联网的前世今生

车联网最初出现的时候被称为"汽车移动物联网",能否将物联网技术应用于汽车领域,改善来自安全、移动、环境等方面的交通问题是人们关心的重点。后来为了方便,"汽车移动物联网"又改名为"车联网"(Internet of Vehicles),主要用于车车/车路通信,实现协同应用。为了将车联网与车载信息服务应用业务(Telematics)做更好的区分,业界开始更多地用"V2X"(Vehicle to Everything)来表示车联网。

随着车联网技术与产业的发展,传统的车联网定义已经不能涵盖车联网的全部内容。一个包含了车内网、车际网和车云网的融合的网络架构被提出,以更好地为智能交通系统(Intelligent Transportation System,ITS)提供服务。汽车智能化的发展与车联网技术进一步结合,"智能网联"概念出现,智能汽车需要网联技术提供全方位的感知,利用网络来共享云端的数据资源,成为车联网技术发展的新阶段。

3.1 车联网的发展历程

互联网技术的迅速发展给汽车带来了革命性的变化,汽车智能化技术的广泛应用简化了汽车的操作,提高了汽车的安全性。从信息技术发展上来说,万物互联是未来发展的基础,物联网是人工智能的基础。车联网就是物联网在汽车领域的应用。未来的车联网将使汽车不仅要依靠自身的能力,还需要依靠外界的帮助。智能化和网联化作为汽车发展的两大趋势,结合起来推动了传统车联网向广义车联网的发展,智能网联将是未来发展的方向。

3.1.1 智能交通系统

智能交通系统指的是在较完善的传统交通系统基础之上,通过整合现代化的信息技术、通信技术和传感技术等高新技术,而形成的一种综合性的运输管理系统。其最大的特点就是将智能化系统与传统的交通运输行业进行融合,利用现代的通信技术及大数据、云计算和人工智能等智能分析方法,对现有的交通状况进行实时感知并同步进行优化调整,改善城市道路拥挤的现状,最大限度地提升城市道路的使用效率,保障人们出行安全。

最早的智能交通系统是从交通信号设施的管理开始的。因为从汽车诞生的那一天起,汽车的便捷性和安全性就是一对矛盾的主体。随着汽车保有量的增长,事故风险和通行压力与日俱增,与之相适应的交通规则应运而生,城市管理者和交通领域的科研人员,利用交通信号设施来实现交通控制,并不断地推陈出新。

19世纪60年代,英国伦敦威斯敏斯特议会大楼前的十字路口,安装了世界上第一盏交通信号灯(壁板式燃气交通信号灯,见图3-1),这个交通信号灯高约7m,在它的顶端悬挂着红、绿两色可旋转的煤气提灯,为了将红、绿两色的提灯进行切换,在这盏灯下必须要站立一名手持长杆的警察来牵动皮带进行灯色切换：红灯停，绿灯行。这一颜色灵感来自英国中部约克城女子的着装习俗：身穿红色衣裳代表已婚，请勿靠近；身穿绿色衣裳代表未婚，欢迎追求。这一用于马车出行管理的交通信号灯是用于管理议会周围的马车出行的，虽然其工作了23天后就爆炸了，但是却点燃了整个欧洲乃至整个世界开发交通信号灯的激情。不久之后，各式各样的交通信号灯便如雨后春笋般出现了。

在第一盏交通信号灯出现的几十年时间内，交通信号灯的排列形式与功能已经逐渐与我们现在所熟知的信号灯大同小异。人们在应用中发现，从科学性来讲，红、绿、黄三色是最适合用作信号警示的颜色。在光的七种颜色中，以红色的光波最长，光波越长，穿过周围介质的能力就越强。红色显示出最远，人的眼睛对红色的感觉也比较敏锐，因此，红色常用于警告类的标示用色，有警告危险之意，所以红色被采用作为停车信号。黄色光的波长仅次于红色，显示的距离也比较远。在工业安全用色中，黄色也属于警告危险色，常用来警告危险或提醒注意，被采用作为缓行信号。绿色光也是波长较长的一种色光，显示距离也比较远，绿色还包含清爽、理想、希望和生长等含义。同时，绿色和红色的区别最分明，易于分辨，因此被采用作为通行信号。

由于技术方面的限制，交通信号灯的切换一直沿用人工控制的方式。在1947年第一只晶体管诞生之后，交通信号灯才逐渐实现了完全自动化。信号灯的出现，使交通得以有效管制，对于疏导交通流量、提高道路通行能力、减少交通事故有明显效果。

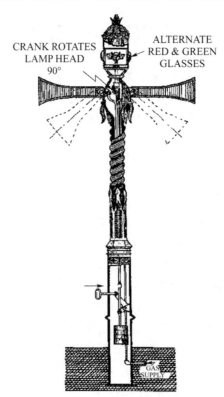

图3-1 世界第一盏交通信号灯

但是随着汽车的发明、升级和换代，原有基于马车的道路交通已经被基于汽车的道路交通取代。行驶速度的提升使得原来采用单一的"红绿信号灯"模式进行交通控制的方式无法有效地管理交通资源；红绿灯只在路口设置，无法覆盖整条道路；天气原因或交通拥堵情况下看不清交通信号灯；黄灯闪烁时难以抉择是"停止"还是"前进"。这些问题需要突破原有的交通控制的思路。

20世纪初，伴随城市化进程的加快，"智能交通"的想法出现了，城市管理者希望它能够解决城市道路日益拥堵的状态，以及所造成的经济损失。1939年的纽约世界博览会（New York World's Fair）展出的乔治·华盛顿大桥上设置的基于路车间通信的交通情报系统就是智能交通的萌芽。

在20世纪智能交通系统研究的发展历程中，美、欧、日呈现三足鼎立的局面。1960年美国开始着眼于智能交通系统的研究。1970年，美国提出了电子道路导航系统（Electronic Route Guidance System，ERGS），通过路侧设备提供车辆导航服务，如图3-2所示为纽约街头用于交通监控的RFID E-ZPass读卡器。1991年，美国智能交通系统协会（Intelligent Transportation Society of America，ITS America）正式提出了智能交通系统（ITS）的概念。随后在车路一体化项目基础上对车路协同控制进行深入研究，通过实时监测、收集并分析各种交通流运行数据，对道路情况进行预测，制订最佳应变措施，有效缓解了美国交通拥堵的问题。

图3-2　纽约街头用于交通监控的RFID E-ZPass读卡器

日本的ITS发展于1973年，日本的汽车交通控制综合系统（Comprehensive Automobile Traffic Control System，CACS）项目上线，这是日本第一个ITS项目。CACS通过路侧设备引导车辆行驶，减少拥堵，避免安全事故，并提供应急服务。1994年成立的日本道路交通车辆智能化促进协会，其目标是推动ITS的发展。近几年来，日本主要围绕车路协调开展研究，加强了无线通信技术在ITS领域的应用，并开展了交通对象协同式安全控制技术研究。日本道路交通情报中心已经建成了道路交通情报通信系统（Vehicle Information and Communication System Center，VICS），如图3-3所示，驾驶人员可以通过装载VICS系统的车载导航器，享受无偿交通信息服务。目前，日本的ITS研究与应用开发主要围绕车辆信息与通信系统、不停车收费系统、先进道路支援系统来开展。

图 3-3　日本道路交通情报通信系统 VICS 中心

欧洲从 20 世纪 70 年代开始研究道路交通通信技术。在 20 世纪 80 年代中后期，欧洲开展了车辆安全道路结构计划、高效安全交通系统计划的研究。欧洲道路交通通信技术应用促进组织于 1991 年成立，用以促进欧盟与相关企业之间的合作，从而共同推动 ITS 在欧洲的发展。2011 年，欧盟启动了 Drive C2X 车联网项目（见图 3-4），由近 50 个直接参与或辅助执行的企业或组织构成。Drive C2X 项目意在打造一个安全、高效、环保的行车环境，该项目于 2014 年宣布试验成功。Drive C2X 测试所用车辆需要配备支持 IEEE 802.11p、UMTS 及 Geo Networking 标准的设备，用来实现与其他车辆及路边基础设施的数据通信。这一系统与汽车 CAN 总线连接，用来收集车辆动态数据，与其他车辆交流。同时车辆还要支持无线互联网络，这样车辆数据可以直接被发送至控制中心。试验中的交通设施，包括交通灯和交通标志牌等，都要集成网络通信功能。这些设施可以直接将指示信息发送至车辆，同时这些设施还可以作为中继器，将外来的信息转发。作为可选项，这些基础设施还可以与控制中心通过无线网相连，由控制中心负责整个交通的管理，它接收由车辆及交通设施发送的数据，并可以反过来向车辆及交通设施发送信息。

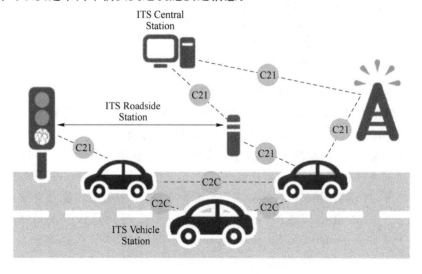

图 3-4　欧洲 Drive C2X 测试方案

在此之后,欧盟委员会于 2016 年通过了"欧洲合作式智能交通系统战略",目标是到 2019 年在欧盟国家道路上大规模配置合作式智能交通系统,实现汽车与汽车之间、汽车与道路设施之间的"智能沟通"。

我国的智能交通系统研究目前已有不错的成果。1999 年,我国成立了国家智能交通系统工程技术研究中心(National Intelligent Transport Systems Center of Engineering and Technology,ITSC),其是我国智能交通技术研究应用的先行者和主要推动力量。近些年,智能交通系统建设进入快速发展时期,2017 年,智能交通信息系统在我国主要城市都已完成数据采集设备的铺设工作。

3.1.2 物联网与车联网

智能交通系统是未来交通系统的发展方向,是智慧城市的一个重要组成部分,其目的是使人、车、路密切配合达到和谐统一、发挥协同作用,极大地提高交通运输效率,保障交通安全,改善交通运输环境和提高能源利用效率。在物联网的概念提出之后,物联网行业快速发展,与智能交通系统相融合,产生了智能交通发展的新方向——车联网。车联网的概念即来自物联网,即"汽车移动物联网",车联网强调的是以车为载体构建的一种信息网络平台,在无线通信技术的支持下,实现车-车,车-路,车-人,以及车-云之间的实时联网和数据共享,从而实现人、车、路、云之间的协同管理。

物联网(Internet of Things,IoT)指的是通过互联网、传统电信网等信息承载体,让所有能行使独立功能的普通物体实现互联互通的网络。在物联网时代,互联网连接从传统的计算平台(如个人计算机和移动设备)扩展到所有物理设备和日常用品。这些设备在嵌入了传感器等硬件之后,可以通过互联网与其他设备通信和交互,并且可以进行远程监控。

智能设备网络的概念其实早在 1982 年就出现了,当时卡内基梅隆大学(Carnegie Mellon University)的一台改装过的可乐自动贩卖机成为第一台联网设备,可以称得上是物联网设备的鼻祖。当时的贩卖机距离办公地点比较远,如果从办公室"千里迢迢"走过来的时候发现机器是空的就会让人很苦恼。为了解决这一问题,一帮"技术宅"聚在一起想出了一个解决方案:在可乐机上安装一个微型开关来检测机器中的 6 列可乐瓶,微型开关被链接到部门的服务器上,服务器上还实现了一个 Finger 查询接口为用户提供查询功能。这样,人们在自己的计算机上,就可以通过查询这个 Finger 接口来远程查看可乐贩卖机中现有可乐的情况:数量以及温度(通过被装进售卖机多长时间来估算)。因为这台可乐售卖机的特殊性,它被命名为"Only"(唯一)。

物联网一词正式出现在 1999 年,由凯文·阿什顿(Kevin Ashton)提出。他认为射频识别(Radio Frequency Identification,RFID)对于物联网是必不可少的,通过 RFID,可以利用计算机管理所有独立的物品。思科公司认为,在连接到互联网上的"物"数量超过人之后就是物联网的诞生之日。2005 年,国际电信联盟在世界信息峰会上发布了《ITU 互联网报告 2005:物联网》,指出"物联网"时代的来临。在报告中,物联网的定义和范围已经发生了变化,覆盖范围有了较大的拓展,不再只是指基于 RFID 技术的物联网。物联网是一场代表未来计算与通信的技术革命,并且物联网的发展依赖于动态的在多个重要方面的技术创新,包括从无线传感器技术到纳米技术等多种技术。首先,为了把日常用品和设备连接到大型数据库和网络上,并且切实地连到互联网上,一个简单的、不引人注意的并且方便使用的物品识别系统是必需的。只有这样物品和设备的信息才能易于被采集和处理,射频识别技术可以提供这种功能;其次,通过传感器技术来测量物理的物理状态的变化,并以此进行数据采集;在另一方面,小型化技术与纳米技术使得嵌入物体中的智能设备或芯片具有更强的信息处理能力。所有这些技术进步的融合将会形成一个通过感应与智慧的方式连接世界万物的物联网(见图3-5)。

图 3-5　物联网实现万物互联

物联网不仅仅是一种网络,更是一个整体系统,其不仅能够将人们日常生活中使用的各类物品和互联网有效地结合在一起,还能够构建一个大规模、系统化的网络。人们通过网络,可以获得各种信息,并进行应用和处理。这一优势使得人们纷纷盼望物联网技术能够应用于汽车领域。即通过装载在车辆上的电子标签通过RFID等识别技术,实现在信息网络平台上对所有车辆的属性信息和静、动态信息进行提取和有效利用,并根据不同的功能需求对所有车辆的运行状态进行有效的监管和提供综合服务的系统,以此来解决日益严重的交通拥堵,或者通过机器化、智能化的信息共享技术,解决由于驾驶人主观原因造成的交通事故频发等问题。

在《ITU互联网报告2005:物联网》报告中,对车联网的应用做出了如下设想:一个2020年的女孩开智能汽车去度周末,汽车上的射频识别传感系统警告后车胎故障需要修理;通过修理厂入口时,检测工具已经运用传感器和无线技术对她的车进行了彻底的检查,专门的养护终端为她的汽车换上了新的可以监测轮胎压力、温度和变形的轮胎;除了车辆本身可以通过物联网进行保养维修之外,车辆还可以保存个人信息,她在边境可以直接传输给边境检查站的接收装置她的驾驶证和护照信息,这样她不必停车就可以通过边境。这一设想代表了互联网从学术网络转变为面向大众和消费者的生活网络。未来充分部署,交互式且智慧的网络将带来人与物、物与物之间的实时通信和数据共享,一个全新的生态系统正在形成。

传统车联网的目标是利用无线通信建立一个全国性的、多模式的地面交通系统,形成一个车辆、道路基础设施、乘客的便携式设备之间相互连接的交通环境,最大限度地保障交通运输的安全性、灵活性和对环境的友好性。

现在的车联网,已经远远超过了原有的定义和内涵。广义的车联网是未来能够实现智能化交通管理、智能动态信息服务和车辆智能化控制的一体化网络,是物联网技术在交通系统领域的典型应用(见图3-6)。车联网应该是先进传感技术、网络技术、计算技术、控制技术和智能技术的深度融合,通过对道路交通的全面感知,对每部汽车进行交通全程控制,对每条道路进行交通全时空管理,形成以车内网、车际网和车云网为基础,按照约定的通信协议和数据交互标准,在人、车、路、云之间形成数据共享和信息交换的大系统网络。

图3-6 广义车联网实现智能交通

从应用上进行分类,被称为V2X(Vehicle to Everything)或C2X(Car to Everything)的车联网技术,又包括了基于车与车(Vehicle to Vehicle,V2V)、车与道路基础设施(Vehicle to Infrastructure,V2I)、车与行人(Vehicle to Pedestrians,V2P)以及车与后台管理中心或者车与云服务器(Vehicle to Cloud,V2C)的应用。广义的车联网不仅是指将车连接起来的通信网络,而且还包括了基于车与其他实体之间交互(V2X通信)的各种应用。

车联网在美国被称为网联汽车(Connected Vehicles,CV),是指车与车之间要进行互联,对应的还有路联网(Connected Corridors,CC),道路之间也需要通过网络互相沟通,以及车路协同(Vehicle Infrastructure Integration,VII),即道路和车辆之间的协同工作。

在欧盟车联网又被称为协作式智能交通系统(Cooperative Intelligent Transport Systems,C-ITS),是指智能交通系统中的各个交通要素之间通过网络进行协作,所以又称为协作式(又称合作式或协同式)智能交通系统,它代表了智能交通系统借助各种新型信息通信技术向未来交通演进的一种技术路线。

2010年,上海世界博览会上,上汽集团-通用汽车馆以"直达2030"主题电影讲述了通用汽车对2030年交通的展望——电动汽车各行其道,随时找地充电,车内触屏终端收取交通、通信信息(见图3-7)。通用汽车所畅想的未来汽车世界里零排放、零交通事故、远离对石油的依赖、远离交通阻塞和驾乘充满乐趣等智能交通愿景令人向往,这也就是人们所期待的车联网。

图 3-7 上海世界博览会"直达 2030"主题车联网展厅

3.1.3 汽车的智能化

科学技术和人类需求推动工业文明的发展,基于颠覆性技术开发和生产的产品在满足人类需要的同时又反过来要求技术和产品的改善和提升。汽车作为人类文明的产物,一开始应交通运输升级换代而产生,在颠覆了人力或畜力交通运输的传统的同时,又激发了人类对汽车出行的需求,如交通安全、环境保护、驾乘舒适性和汽车性能等。

第三次工业革命期间,工业自动控制系统的发展将系统论和控制论应用于机械电子工程,汽车的电子控制系统从模拟控制系统到数字化控制系统发展的历程也推动汽车从单纯的机械产品向高级的机电一体化产品控制系统产品方向发展。进入 21 世纪,随着互联网的迅速普及,信息革命的发展进入新阶段,传感技术、云计算技术、物联网技术等新一代信息与通信技术推动信息传输和共享,人工智能开始应用于各个领域,推动了汽车智能化的发展。

所谓"智能汽车",就是在普通汽车的基础上增加了先进的传感器(雷达、摄像)、控制器、执行器等装置,通过车载传感系统和信息终端实现与"人-车-路"等的智能信息交换,使汽车具备智能的环境感知能力,能够自动分析汽车行驶的安全及危险状态,并使汽车按照人的意愿到达目的地,最终实现替代人来操作的目的。智能汽车是一个集环境感知、规划决策、多等级辅助驾驶等功能于一体的综合系统,它集中运用了计算机、现代传感、信息融合、通信、人工智能及自动控制等技术,是典型的高新技术综合体。目前对智能车辆的研究主要致力于提高汽车的安全性、舒适性,以及提供优良的人车交互界面。

汽车智能化,是汽车产业发展的必然趋势。汽车的智能化发展已经使汽车突破了交通工具的意义。用户所需要的已经不只是驾乘和到达,而是全方位、个性化的出行体验和完全智能化的车内空间,从本质上是要满足消费者在用车过程中的合理需求。汽车智能化是人工智能在汽车与交通上的应用,新兴的电子控制技术、高精度定位、传感技术、云计算、车联网技术和人工智能芯片,是实现汽车智能化的基础技术。机器学习、自然语言处理、神经网络等人工智能技术的运用,被认为是汽车智能化颠覆性改变的关键技术(见图 3-8)。汽车智能化让机器(车载计算平台)代替驾驶员完成对车辆环境的感知驾驶决策和对汽车的操作与控制。娱乐与互联、舒适与便利、辅助驾驶和导航的体验感都是汽车智能化的重要考核标准。

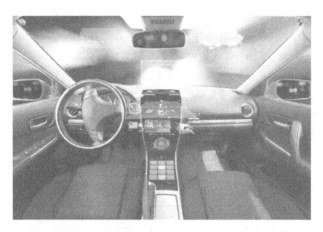

图 3-8　人工智能技术推动汽车智能化发展

从发展的角度来看,智能汽车会经历两个阶段。第一个阶段是智能汽车的初级阶段,即辅助驾驶;第二个阶段是智能汽车发展的终极阶段,即完全替代人的无人驾驶或者自动驾驶。如前所述 SAE International 的定义,"驾驶自动化等级"分为无自动化到全自动化的六个级别的驾驶等级。完全的无人驾驶汽车,主要依靠车内的以计算机系统为主的智能驾驶仪来实现无人驾驶的目标,通过车载传感系统感知道路环境,自动规划行车路线并控制车辆到达预定目标。

目前众多的辅助驾驶系统已经广泛应用在汽车上,如智能刮水器,可以自动感应雨水及雨量,自动开启和停止;自动前照灯,在黄昏光线不足时可以自动打开;智能空调,通过检测人皮肤的温度来控制空调风量和温度;智能悬架,也称主动悬架,自动根据路面情况来控制悬架行程,减少颠簸;防打瞌睡系统,用监测驾驶人的眨眼情况,来确定是否很疲劳,必要时停车报警等。信息技术的广泛应用,为汽车的智能化提供了广阔的前景。但是智能汽车的最终目标还是实现自动/无人驾驶,即利用车载传感器来感知车辆周围环境,并根据感知所获得的道路、车辆位置和障碍物信息,控制车辆的转向和速度,从而使车辆能够安全、可靠地在道路上行驶。届时,汽车交通系统概念将迎来变革,交通规则、基础设施都将随着无人驾驶汽车的出现而发生剧变,智能汽车可能颠覆当前的汽车交通运输产业运作模式。

3.1.4　汽车的网联化

智能汽车从实现方式上可以分两类:自主式和网联式。自主式的智能汽车其实就是前面所提到的汽车的智能化,通过信息技术和智能电子技术的发展,基于车载装置使汽车具有环境感知和决策控制能力。汽车的网联化是智能汽车发展的另一个方向,即基于通信互联完成汽车"听"和"看"的功能,依靠云端大数据进行分析和决策,完成智能的驾驶决策功能。

汽车的网联化是从汽车内部电子控制技术的发展开始的,随着车内电子系统的复杂化,电子单元越来越多,信息传输量越来越大,汽车控制总线 CAN 技术应运而生。汽车控制总线(Controller Area Network,CAN)技术规范是为了满足各电子系统的实时性通讯和控制需求而出现的(见图3-9)。CAN总线中各节点以线型拓扑结构连接,通信介质采用双绞线或同轴电缆。CAN总线协议通过在通信接口中定义物理层和数据链路层的功能,对通信数据进行位填充、数据块编码、循环冗余检验、优先级判别等处理工作,其通信速率最高可达1 Mbit/s,节点数实际最高可达110个。CAN总线由CAN高速总线和CAN低速总线两部分组成。网关(Gateway)负责CAN高速总线和CAN低速总线之间的速率适配。其中,ISO 11898标准对应高速通信(125 kbit/s～1 Mbit/s),ISO 11519标准对应低速通信(125 kbit/s以下)。一个信号要从一个总线区域进入到另一个总线区域,首先通过识别代号识别总线信号的速率,然后进行速率适配,让另一个区域的系统接收被适配后的信号。汽车的动力系统和悬架控制、安全系统等通常会采用高速总线。车辆的电子系统如灯光、门锁、座椅调节对实时性和可靠性不高的单元被连接到低速总线上,汽车总线系统的应用如图3-10所示。

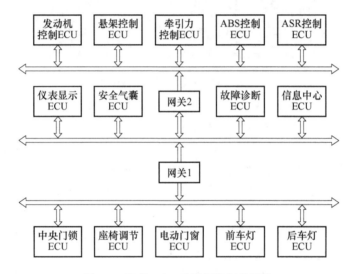

图3-9 汽车CAN总线网络拓扑结构

车内网络总线(Local Interconnect Network,LIN)被定位为CAN总线的低成本辅助网络。LIN总线是一种基于UART/SCI的低成本开放式串行通讯总线,遵循ISO 9141协议,主要用于车内分布式电控系统,带宽要求不高、功能简单、实时性要求低的场合,即车身电子控制中各模块节点间的低端通信,如电动门窗、座椅调节、灯光照明等控制。LIN总线采用星型拓扑结构及单线连接,也可以通过CAN网关和其他ECU进行信息交互。典型的LIN总线节点数可以达到12个,最大传输速率为19.2 kbit/s。

高速容错网络总线FlexRay是新一代汽车内部网络的主干网络,它是一种用于汽车的,高速的、可确定性的,具备故障容错能力的总线技术。它将事件触发和时间触发两种方式相结合,具有高效的网络利用率更强的数据灵活性、更全面的拓扑选择和更可靠的容错运算,多用于汽车核心通讯需求。在拓扑结构上,FlexRay可以应用在无源总线和星形网络拓扑结构中,也可以应用在两者的组合拓扑结构中。这两种拓扑均支持双通道ECU。双通道ECU集成多个系统级功能,以节约生产成本并降低复杂性:在物理上分为两条独立的通信通道,双通道架构提供冗余功能,并使可用带宽翻了一番。每个通道的最大数据传输率达到10 Mbit/s,双通道总速率可达20 Mbit/s。目前FlexRay主要应用于事关安全的线控系统和动力系统。

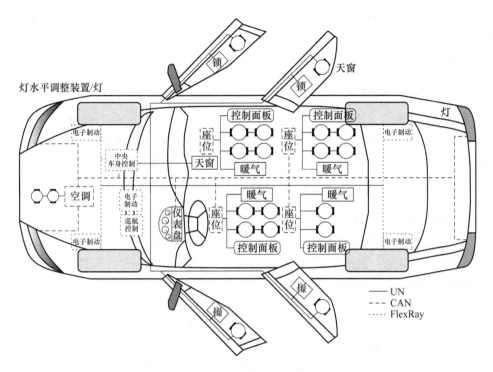

图 3-10　汽车总线系统的应用

除了这三大总线系统之外,汽车车内娱乐系统的发展、传控技术的精进(如倒车影像技术),车用电子愈来愈需要使用多媒体式传输,最适合此方面的传输接口就属 MOST。面向媒体的系统传输总线(Media Oriented Systems Transport,MOST)是一种服务于汽车多媒体应用的网络总线标准,可以用于管理所有多媒体设备,其最大优势在于能够准确有效处理针对不同目标的多个数据流而不发生错误。MOST 总线采用环型拓扑,以单根光纤为载体,总线传输率高达 24.8 Mbit/s,远远高于 CAN 总线系统。

汽车智能网联和自动驾驶的浪潮迅猛来袭,推进了车载网络容量需求的爆发式增长,汽车电子单元的成倍数增加已经超出 CAN 或 FlexRay 等车载网络的承载范围。2016 年 4 月,IEEE 批准了第一个车载以太网标准。车载以太网是时间敏感网络(Time-Sensitive Networking,TSN)在汽车中的应用,它允许实时的时间触发通信与低优先级的事件触发通信共存,使以太网具备满足高安全等级的系统要求的同时,依然可以承担对实时性要求不过分严格但仍然有高带宽的以太网传输需求。车载以太网采用单对的非屏蔽双绞线及更小型的连接器进行信号传输,速率高达 100 Mbit/s,这将大大降低车内连接成本和减少车内布线。车载以太网可以同时支持 AVB、TCP/IP、DOIP、SONIP 等多种协议或不同应用形式。与此同时车载以太网不仅具备了适应 ADAS、娱乐影音、车联网、大数据等所需要的带宽,而且还具备了支持自动驾驶所需要的更大数据传输性能的潜力,为车联网的发展提供了契机。

在汽车网联化的进程中,车内通信逐步向车路协同、车车通信发展。互联网、移动通信和物联网技术的发展,为汽车和交通数据的共享提供了前提。车辆与交通的数据是实现车载信息服务、车辆数据服务、网联驾驶和网联自动驾驶业务与应用的核心,这些数据不能由单个人、单辆汽车或单个系统获得,需要在汽车和交通产业生态环境参与者中进行协同和共享。

总之，汽车的网联化使得汽车成为一个联网的可行走的智能终端，实现车载信息服务、车辆数据信息服务、网联协同驾驶和网联自动驾驶等车联网业务和应用，推动传统汽车与交通相关产业的变革和新兴服务业态的出现。

3.1.5 智能网联汽车

智能网联汽车融合了自主式智能汽车和网联式智能汽车两类方式，体现了技术发展的趋势。智能网联汽车是指搭载先进的车载传感器、控制器、执行器等装置，并融合现代通信与网络技术，实现车与X(人、车、路、云端等)智能信息交换、共享，具备复杂环境感知、智能决策、协同控制等功能，可实现"安全、高效、舒适、节能"行驶，并最终可实现替代人来操作的新一代汽车。

智能网联汽车是车联网与智能汽车的交集，是智能处理技术与网络通信技术深度融合的产物。最早的智能网联起源于基于V2X协同通信的智能交通应用，即美国所称的网联汽车(Connected Car,CA)，欧洲称其为协作式智能交通(Cooperative ITS,C-ITS)，日本称之为网联驾驶(Connected Diving)。

以美国的网联汽车为例，网联汽车是一种装有互联网接入设备的汽车，允许汽车与车内和车外的其他设备共享互联网接入，从而共享数据。通常情况下，汽车还配备了特殊的技术，以接入互联网或无线局域网，为驾驶提供来自互联网的协作数据。对于安全关键的应用，汽车在FCC授权的5.9 GHz频段下使用专用的短程通信技术(DSRC)，其具有非常低的时延。1996年通用汽车公司推出了第一款网联汽车：在凯迪拉克车型上装载了安吉星(OnStar)系统，其目的是实现安全驾驶以及在汽车发生事故时能够为车辆提供紧急救援。一键救援系统就是目前安吉星的联网汽车服务之一，除此之外，还提供了包括车辆健康报告，转弯指示灯语音或数据的连接功能。

目前这些网联功能基本上局限于单一的车辆服务，如汽车目前普遍装备的导航协同，智能手机集成和多媒体软件等。驾驶人员可以通过汽车中控平台看到或管理操作，提供包括音乐/音频播放、智能手机应用程序、导航、路边援助、语音命令、上下文帮助/提供、停车应用程序、引擎控制和汽车诊断等功能。

智能网联汽车又在此基础上更进一步(见图3-11)。"智能"的含义在于，通过车载终端、智能手机、路侧设备等终端设备交换行人位置、运输出行、车辆数据和交通运行数据，被输入到自动驾驶的决策与控制系统，最终实现自动驾驶功能。随着人工智能、物联网、大数据、信息通信等技术的快速发展，汽车与电子、通信、互联网等领域加快融合，智能网联汽车作为汽车智能化和网联化的交集，已经成为全球新一轮产业竞争制高点。

在智能网联技术体系中，通过终端顺利完成数据交换是完成驾驶决策和控制的基础。这些数据不能由单个人、单辆汽车或单个系统获得，需要通过无线通信技术进行协同和共享。

从数据类型来划分，分为交通运行数据和运输出行数据两大类。交通运行数据是反映道路交通管理和运行情况相关的数据，包括交通标志、交通状况、道路性能、交通控制、道路基础设施、停车场数据和道路气象等数据，主要来源于行人、车载传感设备、路侧传感设备、交通与公路等管理部门及其云平台。运输出行数据是人、货物、车辆等运输相关的数据，包括行人、乘用车、公交车和商业车的出行数据，主要来源于公交和商业运输管理中心以及乘客和车辆。

图 3-11　智能网联汽车

从数据来源的维度可以划分为三大类。第一类来源为行人和车辆。行人和车辆是感知数据的主要提供者,也是网联驾驶应用的主要使用者,他们提供的数据包括行人位置、运输出行、车辆数据和部分交通运行数据。第二类来源为路侧设备 RSU。路侧设备一般部署在道路旁边,但对于特别的交通情况,路侧设备也可以是移动设备或手持设备。路侧设备包括路侧呈现设备与路侧传感设备。路侧呈现设备的主要功能是发布交通运行数据,用于交通管理,包括交通信号灯、交通标志显示设备和路侧警告设备;路侧传感设备的主要功能是采集交通运行数据,部署传感器并实时监测和传送交通运行数据的公路被称为"智能公路",智能公路将弥补车载传感器感知能力的不足(见图 3-12)。第三类数据来源是交通运输管理云平台。云平台可以收集、存储和分析行人位置、车辆数据、交通运行和运输出行等信息数据,发布交通标志与交通控制指令等交通运行数据,发布运输出行数据。常用的交通运输管理云平台包括交通管理、交通信息、公路管理、环保管理、气象服务、应急管理、停车管理、公交运输管理和商业运输管理等。如中华人民共和国交通运输部建设的"出行云"平台(见图 3-13),可以为用户提供综合交通运输出行数据以及相关应用服务的接入、展示、交换、使用等功能。

图 3-12　智能公路(欧洲 E12 公路瑞典段)

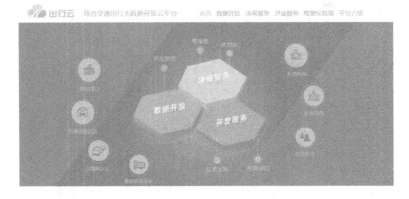

图 3-13　出行云交通运输管理平台

智能网联数据共享的传输有两种基本的方式：一是 V2X 协同通信，二是蜂窝移动通信。其中，V2X 协同通信用于交通运输管理平台与车载终端、行人智能手机和路侧终端进行数据传输和交换，车辆之间传输或广播诸如车辆位置、车辆行驶、车辆操作和车辆碰撞等时间敏感的车辆数据；蜂窝移动通信方式是 V2X 协同通信的重要补充，交通管理部门云平台直接通过蜂窝移动通信与车辆的车载终端或行人智能手机相连接。传输和交换非时间敏感型的数据，如交通运行数据、运输出行数据等。

根据《车联网（智能网联汽车）产业发展行动计划》，我国将强化无线通信技术研发和产业化，大力支持 LTE-V2X、5G-V2X 等无线通信关键技术发展。通过推动 LTE 网络的改造和升级，满足车联网的大规模应用。

将各项数据输入到自动驾驶的决策与控制系统，实现网络自动驾驶才是智能网联的最终目标。未来，人工智能技术将为智能网联技术带来深刻的影响。自动驾驶通过完成路径规划、行为策略、运动规划和操作指令，最终形成驾驶操作指令，将其交由电子控制单元进行驾驶控制和执行才是智能网联的最终愿景。

路径规划类似于现有的汽车导航功能，但是又在其功能上有本质的升级换代，如采用高精度地图（精度达到 0.1 m），输出基于车道级别的规划，无须人机界面输出要求等。

行为决策是车辆行驶中采用的驾驶方式，自动驾驶的行为决策方法采用基于行为的人工智能技术，它的来源也是需要建立标准的智能网联汽车场景数据库，通过人工智能与场景进行交互体现"智能"的思想。

运动规划是人工智能运动规划的一种应用，将驾驶行为决策解释成一条带有时间信息的轨迹曲线，其中具体的时空轨迹交给操作指令模块，完成方向盘转向或者刹车，油门等加速、减速功能。

控制执行通过汽车的电子控制单元 ECU 来完成，最终形成闭环的控制系统，实现自动驾驶/无人驾驶功能。

3.2　国际车联网发展规划

车联网作为智慧交通系统的组成部分之一，提出了将汽车、无线设备、驾驶员、行人以及道路关联起来的实现交通智能化的解决思路。世界各国纷纷根据自己国家或区域的经济与社会背景、产业与技术发展情况,制定了本国或本区域的车联网产业发展政策和战略规划。

3.2.1 美国车联网的发展规划

美国是最早开始研究车联网的国家。1991年,美国智能交通系统协会就正式提出了智能交通系统(ITS)的概念。其后在美国交通部的主导下,逐步协同、协调和推动智能交通和车联网产业发展政策、战略规划。

(1) 车间通信技术选择

1999年,美国联邦通信委员会(Federal Communications Commission,FCC),将以5.9GHz为中心的75MHz的带宽分配给了DSRC作为车间通信专业频段。该频道有70个10MHz的信道和在一个在最底部预留的5MHz的保护间隔。2001年,选定IEEE802.11a作为DSRC的底层无线技术,并对802.11p标准进行了适应于车间通信的修订。

自2002年,美国交通部与整车企业开展了合作研究,对一系列的无线通信技术,包括DSRC,数字蜂窝系统、蓝牙、数字广播电视、IEEE802.11等进行评估测试,评估它们是否能否满足行车安全的通信需求。结果显示,基于802.11a的通信技术能够支持大多数行车安全应用。基于此评估结果,美国提出了车辆基础设施一体化设想,希望通过在所有的车辆上装备通信设备以及GPS模块,实现与全国公路网进行数据交换。为了给强制安装提供合理的评估,美国交通部主导了多个安全驾驶测试项目,包括V2V驾驶应用测试(V2V Driver Acceptance Clinics)项目、美国安全驾驶模型(Safety Pilot Model Deployment)项目(见图3-14)等。在测试中,基于V2X系统,采用车辆通信技术DSRC解决车辆碰撞和道路安全问题。通过测试,产生了经验数据,展示了真实环境下V2X通信技术的能力,同时也对驾驶员的接受程度,车载设备改装的力度进行了评估,为后期强制安装提供了依据。目前,交通路口驾驶辅助(Intersection Movement Assist,IMA)应用是参与测试人员认为最有用的安全应用。

图3-14 美国安全驾驶模型项目中使用的车辆感知设备(Vehicle Awareness Device,VAD)

美国国会的政府问责办公室审查了交通部提出的V2V技术发展情况和未来部署可能性之后,总体结论是V2V技术能够带来改善交通安全的好处。他们认为,如果V2V技术广泛部署,可以在多达76%的潜在多车碰撞事故发生前向司机提供预警,以避免事故的发生。2017年1月12日,美国交通部的公路交通安全管理局(NEITSA)完成并公布立法提案

(Notice of Proposed Rulemaking, NPRM)，即联邦机动车辆安全标准 V2V 协同通信 (Federal Motor Vehicle Safety Standards-V2V Communications)，并对外征求意见。该提案计划于 2019 年通过，成为最终法规。法规将要求整车厂商两年内，即 2021 年完成基于 DSRC V2V 协同通信单元的开发；要求整车厂商三年内，即到 2023 年完成 V2V 通信单元与其现有车载信息乐系统、汽车总线和电子控制系统的集成。到 2023 年，法规要求所有整车厂商新生产的轻型汽车完全遵守该法规。这个时间与自主式自动驾驶汽车的推出时间接近，整车厂商可以于 2023 年实现基于 V2X 协同通信的网联驾驶与自主式自动驾驶的集成，形成网联自动驾驶。

V2V 终端的强制安装要求 V2V 终端的通信距离达到 300 m，能提供车辆雷达和摄像机感知范围外的通信能力，同时该通信能力不能因其他车辆或障碍物的阻挡而受到影响。V2V 协同通信将交换行驶车辆的位置、速度、行驶方向、制动状态等数据；并且强调 V2V 安全应用不涉及收集和交换个人信息或跟踪司机及其车辆，只包含基本的安全相关的数据。

(2)《智能交通系列战略规划：2015-2019》

2014 年，美国交通运输部与美国智能交通系统(ITS)联合项目办公室共同提出《智能交通系列战略规划：2015-2019》，为美国未来 5 年在智能交通领域的发展明确了方向，汽车的智能化、网联化成为该战略计划的核心，成为美国解决交通系统问题的关键技术手段。

早在 2009 年，美国就提出过《智能交通系列战略规划：2010—2014》，当时的目标是利用无线通信建立一个全国性的、多模式的地面交通系统，形成一个车辆、道路基础设施和乘客的便携设备之间相关链接的交通环境，最大限度地保障交通运输的安全性、灵活性和对环境的友好性。在 2014 年提出的 2015-2019 规划中，美国提出了未来交通系统的发展思路：通过研究、开发、教育等手段促进信息和通信技术实用化，确保社会向智能化方向发展，即部署智能交通设备，开发智能交通技术。并提出了使车辆和道路更安全、加强机动性、降低环境影响、促进改革创新、支持交通系统信息共享等 5 项发展战略目标。根据目标，该战略计划聚焦于两大发展主题：实现网联汽车，将近年来的设计、测试和计划用于网联汽车进入实质性进展阶段，并在全国范围内普及；推进自动化驾驶，采用自动化相关技术研究推进车辆的自动驾驶与无人驾驶。这两大发展主题也重点反映了近年来大多数交通研究机构的研究和创新的方向。

(3) 自动驾驶产业发展规划

2016 年 5 月，特斯拉的自动驾驶汽车在美国佛罗里达发生交通事故后，出台自动驾驶相关规范变得更加紧迫。2016 年 9 月，美国交通部发布《自动驾驶汽车政策指南》(Federal Automated Vehicles Policy)，提出自动驾驶汽车性能指南及其 15 项安全评估(Safety Assessment)内容。15 项安全评估内容包括数据记录和共享、隐私、驾驶系统安全、车辆信息安全、人机界面、碰撞安全防护措施、消费者教育和培训、注册和认证、碰撞后的操作模式、联邦、州和地方法律、驾驶安全与决策软件设计中的人文道德因素、驾驶操作设计、道路目标和事件的检测、操控权返还驾驶人和验证方法等内容。

《自动驾驶汽车政策指南》为美国的自动驾驶汽车研发机构，从驾驶安全、系统安全、信息安全和架构设计等方面提出技术性和政策性的指南，为美国地方政府规划自动驾驶试验场和相关测试的法规提供了指南，推动了美国自主式自动驾驶的研发。

3.2.2 欧盟车联网的发展规划

欧洲的车联网是依托在全欧洲建立 ITS 网联的基础上进行智能网联汽车标准的制定基础上开始的。成立于 1991 年的欧洲智能交通协会(European Road Transport Telematics Implementation Coordination Organization,ERTICO)作为欧盟委员会关于智能交通发展的咨询机构,通过 ITS Direction 项目,负责在欧盟范围内共同探讨和协调智能交通行动执行方案。

2001 年开始,ERTICO 协调推动欧洲汽车紧急救援呼叫系统(eCall),在车辆发生碰撞事故时车内装置对外紧急呼叫。2008 年,欧盟颁布了欧洲智能交通的行动计划(Action plan for the deployment of ITS in Europe),随后于 2009 年 10 月向欧洲标准委员会(CEN)和欧洲电信标准化协会(ETSI)等欧洲标准机构提出制定协作式智能交通标准(Cooperative ITS)的委托任务,即 Mandate M/453,目的是利用协同通信技术提高交通安全,降低环境污染,提高交通管理效率,为商业和公众带来交通和出行的便利。

根据 2011 年,欧盟委员会发布的白皮书《一体化欧盟交通发展路线-竞争能力强、资源高效的交通系统》提出了未来智能交通的规划目标:到 2020 年,将实现欧盟交通运输的智能型发展、可持续发展和包容性发展,排放同比 2008 年减少 20%;交通事故数量减少一半,2050 年实现道路交通死亡率为零的目标。为实现这一目标,V2X 的欧洲标准协作式智能交通系统 C-ITS 将发挥重要作用。

(1) 车间通信技术选择

C-ITS 属于 ITS 的范畴,主要关心包括车辆之间的一对一或一对多通信,通信方式可以采用蜂窝移动通信,Wi-Fi 或者专用短程通信 DSRC。2014 年 2 月,第一版 C-ITS 标准发布。

C-ITS 的通信标准可以支持多种模式的接入;在网络层可以支持基于地理位置的路由通信协议(GeoNetworking,GN),从传统通信标准化的角度来规范 C-ITS 的业务体系架构,易于实现与指定车辆的通信。GeoNetworking 利用地理位置来传播信息和传输数据包。它提供了基于无线多跳的通信,其中网络中的节点通过彼此之间转发数据包来扩大通信范围,即使用基于地理位置进行寻址和数据包的传输。在传输方面,采用基于 TCP/UDP 或基本传输协议(Basic Transport Protocol,BTP)。在通信频段上,C-ITS 为 DSRC 技术预留了 5.9 GHz 频段上的 70 MHz 带宽,用于支持快速移动车辆间的通信以及车辆和路侧单元的通信。

另外,欧洲标准的优势在于可以支持多种模式的接入,同样在接入层基于 IEEE 802.11p,采用多信道调配的机制。安全性较强,纵向从高层、网络层、传输层直到接入层。

(2) 基础设施建设

2013 年 6 月,德国、荷兰和奥地利交通部门签署谅解备忘录,启动联合行动,签署了欧洲 C-ITS 走廊部署协议(见图 3-15),为首次在高速公路上实施合作申请制定时间表;指定与这三个国家的车辆的共同接口;并实现路边设施的协同应用。该走廊以荷兰的鹿特丹为起点,途径德国的慕尼黑、法兰克福,最终到达奥地利的维也纳。ITS 走廊上必须要有各种各样的传感器、长距离和远距离的通讯收发机,在车辆上,必须有车载设备与这些传感器和收发机进行对接,给驾驶员提供信息或者声音警告。

C-ITS 走廊在 2016 年进行了相关的测试与实现,发布了第一份 C-ITS 报告,讨论了相关的技术问题(如频谱、混合通信、安全)以及法律方面的问题(数据保护和隐私)。2017 年,在荷兰启动第一个 C-ITS 的应用。

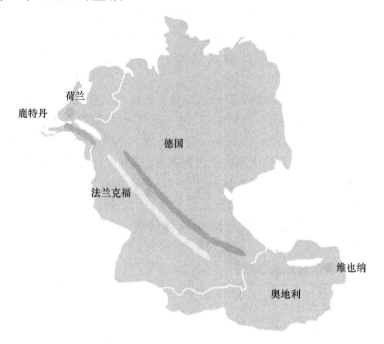

图 3-15　欧洲协作式智能交通走廊规划图

2016 年 10 月 4 日,欧盟 C-Roads 平台启动,目前 C-Rodes 已经覆盖 16 个成员国的有关部门和道路运营商,协调欧洲各国合作智能交通系统(C-ITS)的部署活动(见图 3-16)。它由欧盟成员国和基础设施商联合推进,旨在实施跨境协调及互用的 C-ITS 服务。目标是在使得车辆能与其他车辆及交通基础设施"对话",实现 C-ITS 的大规模商业化部署,从而大大提高道路安全、交通效率和驾驶舒适度,并帮助司机做出正确的决策。

图 3-16　C-Roads 实现智能公共交通(捷克)

3.2.3 日本车联网的发展规划

1996年,日本政府提出《ITS总体构想》,并开始研究道路交通情报系统(Vehicle Information and Communication System,VICS)。VICS目前已经成为世界上最成功的ITS系统(见图3-17)。VICS通过GPS、无线数据传输收集来自每个州的道路和交通信息,在VICS服务中心对其进行处理和编辑,经过处理和编辑的信息以调频多路广播的形式从全国的NHK广播电台发送,将实时路况信息和交通信息即时发送给交通出行者,使得交通更为高效便捷。

图3-17 VICS在主干道上设置的红外信号收集器

1997年,日本完成了本国的DSRC标准制定工作,并于2000年开始正式实施基于V2I协同通信的ETC计划。日本的DSRC系统利用5.8 GHz的频段支持路侧终端和车载终端的通信。在此基础上,2006年,日本启动了下一代道路服务系统。包括车载信息系统和路侧集成系统的开发与试验,该项目名称为"智能道路计划"(SmartWay)。根据SmartWay的设想,有先进的通信设施不断向车辆发送各种交通信息,所有的收费站都不需停车交费,能以较快的速度通行,道路与车辆可高度协调,道路提供必要信息以便车辆进行自动驾驶,它标志着日本进入ITS的第二个阶段。SmartWay的发展重点是对日本各项ITS的功能进行整合,包括先进的VICS、ETC、DSRC、自动高速公路系统(Automated Highway System,AHS),并建立车载单元的共同平台。该计划在全国主要的高速公路上安装了大约1 600个RSU,在高速公路服务区安装了大约50个RSU。

SmartWay计划可提供三类服务:信息和辅助驾驶;互联网连接服务;免现金支付服务,包括收费站、停车场、加油站便利店等。相比于VICS,SmartWay的重大创新是以声音形式和可视形式同时提供更具体的交通路况信息。也就是说,该系统能把道路上车辆位置信息和交通流信息结合起来,通过"前方弯道,堵塞,立即减速"等声音指令来警告司机。SmartWay计划的第二版SmartWay 2012更注重加强利用无线通信技术的车车、车路间协调系统实用化技术的研发,构筑人、车、路一体化的高度机密的信息网络,研发交通对象协同式安全控制技术以及关注能源、环境效率,包括CO_2、NO、PM排放。

在自动驾驶方面,根据2013年日本提出的《世界领先IT国家创造宣言》,制定了在

2020年前完成第二阶段的市场部署,在2030年完成自动驾驶功能的第三四阶段实现的系统研发及市场应用等目标。2013年,日本启动了战略创新项目(Strategic Innovation Promotion Program,SIP)。其中设立自动驾驶通用服务创新项目(Innovation of Automated Driving for Universal Services,SIP-adus),通过该项目加速推动联网自动驾驶的产业化。具体的项目实施包括多个工作组:动态地图(基于动态地图的交通运行环境识别)、协作式智能交通(基于协同通信数据交换的动态交通运行环境识别)、车辆环境数据(基于车载传感设备的环境识别)、人的要素、系统的信息通信安全和数据分析与仿真等技术。系统实施工作组所涵盖的技术都是交通运输和自动驾驶协同工作所需的共性技术,它们将推动交通参与者之间的互操作。

随着自动驾驶技术的不断发展,从2014年开始,日本总务省启动制定先进的安全驾驶支撑系统研发计划,并基于700MHz V2X协同通信的网联安全驾驶应用制定了三个研发项目:一是十字路口的车路(V2I)协同通信、车车(V2V)协同通信;二是智能终端和车载终端间的车人(V2P)协同通信;三是路侧雷达系统在十字路口等关键路段对行人和自行车的感知和数据传播。这些研发项目的结果为自动驾驶发展和实现提供技术支撑。

根据2016年自动驾驶普及路线图,为了能使2020年L2级别的自动驾驶汽车能够上路行驶,2015年10月,日本政府酝酿针对自动驾驶汽车启动立法。2019年3月,日本内阁通过修改了《道路运输车辆法》修正案,从安保标准对象追加"自动运行装置",汽车电子检查的负责工作,"自动运行装置"的检修及改造,整车检查的认证制度等五个方面进行了修订。

日本希望通过以上措施推动自动驾驶技术的商业化普及,目标是:2020年左右实现高速公路上的L3级自动驾驶;2020年底前实现特定区域的无人驾驶移动服务;2020年底前使得自动刹车在新乘用车上的搭载率达到90%以上。

丰田、本田、日产等日本汽车厂商均已经开始布局自动驾驶技术。其中,丰田2018年推出的一款e-Palette概念车即具备自动驾驶功能(见图3-18),将在2020年东京奥运会和残奥会期间投入使用。本田也联手通用公司,共同研发自动驾驶汽车并进行规模化生产和全球部署。日产及其盟友雷诺则确定加入谷歌的自动驾驶阵营,共同研发无人驾驶出租车,以期实现无人驾驶网约车服务的商业化应用。

图3-18 丰田e-Palette概念车

3.3 国内车联网发展基础与现状

3.3.1 国内车联网发展基础

车联网和智能交通将不仅改变汽车产品的形态,也将改变交通运输和人们的出行模式。特别是在我国提出《中国制造 2025》十年行动纲领,通过"三步走"实现制造强国的战略目标后,车联网的发展对我国汽车行业的发展以及制造业强国的打造具有重大战略意义。智能网络汽车的研究和突破,是我国抢占汽车产业未来战略的制高点,推动国家汽车产业转型升级,由大变强的重要突破口;是关联众多重点领域协同创新,构建新型交通运输体系的重要载体。因此,从车联网概念提出伊始,我国就开始在车联网产业政策、技术基础等方面大力投入,积极推动车联网在我国的发展。

(1) 国家政策

从国家政策推动的角度看,2010 年,科技部发布了与车联网相关国家 863 计划主题项目:智能车路协同关键技术研究。该项目提出的"智能车路协同系统体系框架"对我国智能交通系统技术发展具有重要的参考价值,搭建了我国首个智能车路协同集成测试验证实验系统,所开发的智能车载系统与智能路侧系统对提升我国交通系统智能化水平具有积极的促进作用,项目研究成果对推动车辆主动安全技术发展、提升道路通行能力、引导产业发展具有重要意义。

2011 年中华人民共和国交通运输部发布的《公路水路交通运输"十二五"科技发展规划》中将"基于物联网的城市智能交通关键技术研发及应用"列为 5 个"十二五"科技研发的科技专项,将智能交通列为需要突出解决的薄弱环节。该项目按照工程化的架构设计实现了真正意义的广义网联汽车原型,对于我国自主汽车的智能化网联化发展具有重要意义。《道路运输车辆卫星定位系统车载终端技术要求》要求新出厂的旅游包车、三类以上班线客车和运输危险化学品、烟花爆竹、民用爆炸物品的车辆(以下简称两客一危车辆),在车辆出厂前应安装符合标准的车载终端。该要求在使用卫星定位装置经验的基础上,为统一规范全国重点营运车辆联网联控系统运行奠定了良好的技术基础;为提升道路运输信息化水平,加强道路运输动态监管,促进道路运输管理方式向智能交通转变开拓了局面。我国车联网技术从此开始进步。

(2) 技术推动

我国很早就开始了物联网的研究,中科院早在 1999 年就启动了传感网(物联网)的研究和开发。2009 年 8 月我国提出"感知中国"国家战略,物联网发展受到各方广泛关注。通过在芯片、通信协议、网络管理、协同处理、智能计算等领域开展了多年技术攻关,我国在物联网技术研发和标准研制方面取得了很多的成果。我们已经成为国际标准化组织(International Organization for Standardization,ISO)传感器网络标准工作组(WG7)的主导国之一。物联网方面的技术成果将成为车联网技术发展的重要基础。

作为新一代移动通信技术的主要方向,5G 不仅能够大幅提升移动互联网用户的高带宽业务体验,也能契合物联网大连接、广覆盖的业务需求,是未来移动通信市场的重要增长点,将成为业务创新的重要驱动力。3GPP 于 2015 年 2 月正式启动 LTE-V2X 技术标准制定,空口技术由 3GPP RAN 工作组负责,由大唐移动等 3 家公司联合牵头进行 LTE-V2X 标准研究第一阶段工作,包括基于 LTE 的 V2X 可行性研究课题、基于 LTE PC5 接口的 V2V 的标准立项、基于 LTE 的 V2X 业务的标准立项等,主要评估 LTE 支持 V2X 业务增强技术的方法,研究基于 PC5 接口和 Uu 接口技术方案增强支持 V2X 业务,进行信道结构、同步过程、资源分配和相关的射频指标及性能要求等关键技术研究。2018 年 6 月,3GPP 已经完成了 LTE eV2X 的标准化工作,并作为 3GPP R15 的重要特性发布。

LTE-V2X 作为中国力推的车联网标准,其最大的好处在于能够重复使用现有的蜂窝基础建设和频谱资源。LTE 网络基础建设已经存在,运营商无须进行大规模的专用路侧设备 RSU 布点,并提供专用的频谱;在另一方面,终端设备可以和手机共用同一类型的芯片,为汽车厂商大大降低整合成本。结合目前 5G 的提速,更容易推动 LTE-V2X 技术的继承和演进,推动车联网技术的商用推广。

(3)发展意义

我国发展车联网(智能网联汽车)意义重大。发展车联网不仅是交通安全、道路拥堵、能源消耗、污染排放等问题的重要手段,也是构建智慧出行服务新型产业生态的核心要素,更是推进交通强国、数字中国、智慧社会建设的重要载体,已成为新时代汽车产业转型升级的重要突破口、全球汽车产业技术变革的战略制高点。

《中国制造 2025》已将智能网联汽车列入十大重点发展领域之一,《汽车产业中长期发展规划》明确智能网联汽车是汽车产业转型升级的突破口;在国家制造强国领导小组下,专门成立了 20 个部门组成的车联网产业发展专项委员会;各成员单位先后安排专项资金支持智能网联汽车关键技术研发和应用示范,发布国家智能网联汽车标准体系建设指南,成立中国智能网联汽车产业创新联盟,开展封闭、半封闭区域测试验证等。我国主流乘用车企业已在加快研发自动驾驶技术,自主供应链体系正在构建,互联网企业与汽车行业融合发展不断加强。

目前,世界各个汽车发达国家和地区都将智能网联汽车作为汽车产业未来发展的重要方向,纷纷加快产业布局、制定发展规划,通过技术研发、示范运行、标准法规、政策支持等综合措施,加快推动产业化进程。大多数跨国汽车厂商已经实现部分自动驾驶(L2 级)汽车的批量生产,少数高端品牌已率先推出有条件自动驾驶(L3 级)汽车;以谷歌为代表的新技术力量,也在积极开展全自动驾驶技术(L4、L5 级)的研发和测试。大力发展车联网技术也是我国抢占行业制高点,汽车行业转型升级、由大变强,建设制造业强国的大好机遇。

3.3.2　国内车联网发展现状

近年来,我国车联网产业发展迅速,关键技术创新不断加快,测试示范区建设初具成效,融合创新生态体系初步形成。

2017 年,中国汽车工程学会发布的《节能与新能源汽车技术路线图》其中要求在 2016—2020 年突破动力电池、电控系统、传感器等核心关键技术的基础上,确立了 2020—2025 年以智能网联汽车为重点形成产业共性技术创新中心的产业发展目标。智能网联汽车技术路线图的技术架构分为"两纵三横"形式,两纵为车载平台和基础设施,车载平台即车载终端及车载计算平台,基础设施即道路基础设施和信息基础设施,包括路侧设备(交通信号灯、交通标志等路侧呈现设备、路侧传感设备和路侧终端等)和云平台(车联网服务平台、交通运输管理云平台、地图云平台和自动驾驶算法训练云平台等);三横是:车辆与网络基础设施的关键技术(环境感知技术、智能决策技术和控制执行技术)、信息交互关键技术(V2X 协同通信技术、云平台与大数据技术和信息安全技术)、基础支撑技术(高精度动态地图技术、高精度定位技术和标准法规与测试评价),如图 3-19 所示。

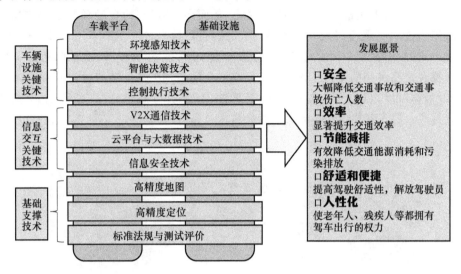

图 3-19 智能网联汽车技术架构和发展愿景

要求智能网联汽车分阶段发展:近期以自主环境感知为主,推进网联信息服务为辅的部分自动驾驶(PA 级)应用;中期重点形成网联式环境感知能力,实现可在复杂工况下的半自动驾驶(GA 级);远期推动可实现 V2X 协同控制、具备高度/完全自动驾驶功能的智能化技术。并形成了我国智能网联汽车发展的技术路线图,如图 3-20 所示。

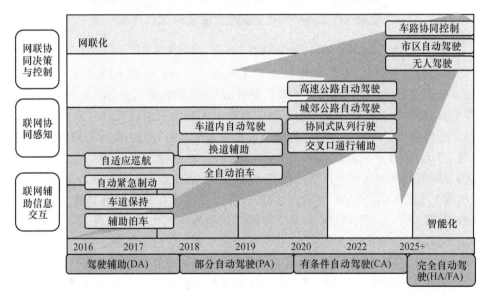

图 3-20 我国智能网联汽车技术路线图

我国汽车企业、互联网企业、通信技术企业等在多个层面全面实现智能网联汽车技术革新,自动驾驶技术不断升级。2018年国际消费类电子产品展览会(International Consumer Electronics Show,CES)上,全志科技发布T7汽车智能座舱处理器车规(AEC-Q100)平台,支持Android、Linux、QNX系统。2018年4月,地平线在北京车展上发布了新一代自动驾驶处理器征程2.0架构,以及基于征程2.0处理器架构的高级别自动驾驶计算平台Matrix 1.0。Matrix 1.0最大化嵌入式AI计算性能,是面向L3/L4的自动驾驶解决方案。2018年10月,华为技术有限公司发布了支持L4级别自动驾驶能力的计算平台MDC600,算力高达352TOPS(每秒352万亿次定数运算),整体系统的功耗算力比低至1TOPS/W,MDC600符合最高级别的车规标准,搭载了该平台的奥迪Q7自动驾驶汽车在发布会上进行了展示,号称可以达到L4的技术层次(见图3-21)。具体来说,它可处理16个摄像头、6个毫米波雷达、16个超声波雷达和8个激光雷达(Light Detection And Ranging,LiDAR)的数据。

图3-21 搭载MDC600超算平台的奥迪Q7

百度推出的无人驾驶汽车Apollo 2.0平台也在2018年的CES展上正式开放(见图3-22)。Apollo 2.0能够实现简单城市道路自动驾驶,标志着Apollo 2.0平台包括云端服务、软件平台、参考硬件平台以及参考车辆平台在内的四大模块已全部开发,并首次开放安全服务,进一步强化了自定位、感知、规划决策和云端仿真等能力。除此之外,各大汽车厂商都在开展L3、L4级车企的研发和测试。

我国正积极开展智能网联汽车共性基础、关键技术、产业急需的标准以及相关法律法规的研究制定。工业和信息化部、交通运输部、公安部等部门与相关研究机构、企业和组织联合积极推进车路协同(V2X)标准、公共道路测试规范和专用无线频段等工作。国家出台了一系列关于车联网发展的政策文件,推动车联网技术和产业化的发展。

2016年6月,由工业和信息化部批准的国内首个"国家智能网联汽车(上海)试点示范区"封闭测试区在上海安亭投入运营。示范区根据产业技术进步需求,分四阶段从封闭测试区逐步拓展到开放道路、典型城市和城际走廊,打造系统性评价体系和综合型示范平台(见图3-23)。

图 3-22　百度 Apollo 2.0 平台 L3 和 L4 级别的自动驾驶原型车

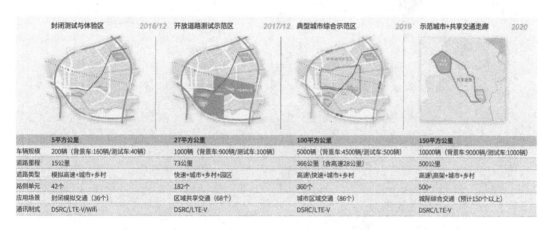

图 3-23　国家智能网联汽车(上海)试点示范区分阶段规划示意图

2017 年国家智能网联汽车(上海)试点示范区启动的"昆仑计划",为示范区构建了智能驾驶全息场景库、智能网联汽车仿真测试平台、人机交互(HMI)实验室等智能网联相关的基础平台。其中,智能驾驶全息场景库已积累了近 4 000 个交通事故场景,150 多万公里自然驾驶场景,以及超过 100 小时 1 000 人次的驾驶模拟器测试场景,并通过 1270 组路测设备,以"上帝视角"获取了超过 120 小时道路冲突场景,80 余类标准规范场景。

2018 年,工业和信息化部印发《车联网(智能网联汽车)直连通信使用 5 905~5 925 MHz 频段管理规定(暂行)》的通知,规划 5 905~5 925 MHz 频段作为基于 LTE-V2X 技术的车联网(智能网联汽车)直连通信的工作频段。

2018 年,工业和信息化部与国家标准委联合印发了《国家车联网产业标准体系建设指南(总体要求)》等一系列指导文件,通过强化标准化工作推动车联网产业健康可持续发展,促进自动驾驶等新技术新业务加快发展。针对智能网联汽车道路测试;同年 4 月,工业和信息化部、公安部、交通运输部等三部门联合印发《智能网联汽车道路测试管理规范(试行)》,

对测试主体、测试驾驶人及测试车辆、测试申请及审核、测试管理、交通违法和事故处理等进行了明确规定。在此之前,北京、上海、重庆、深圳、长沙、长春、广州、天津、保定、平潭等多个城市相继出台了相关政策,部分城市还发放了地方自动驾驶道路测试牌照,助力自动驾驶技术提速。

2019年,伴随5G通信技术的提速,国内各地也加快了车联网技术的步伐。北京市对外发布了《北京市智能网联汽车创新发展行动方案(2019—2022)》。方案提出,将积极推动北京成为5G车联网重点示范应用城市,以2022年北京冬奥会作为时间节点,在重点区域完成5G车联网建设,推动延崇高速、京雄高速、新机场高速等高速路智能网联环境、监控测评环境建设,施划智能网联专用车道。目前北京市有关部门已组织建设了占地200余亩的海淀自动驾驶封闭测试场地(见图3-24),测试场包括城市、乡村的多种道路类型,具有丰富的测试场景和多层次的评测体系。同时,按照相关标准,在北京经济技术开发区、顺义区和海淀区确定了33条共计105公里的首批开放测试道路。

图3-24 北京市海淀自动驾驶封闭测试场地

老牌汽车工业重镇重庆也在加快建设国内领先的智能网联汽车测试场,稳步开展自动驾驶开放道路测试,进一步完善城镇道路等测试应用场景,策划建设以自动驾驶交通体系为基础的科技新城或智慧小镇。根据重庆市发布的《关于加快汽车产业转型升级的指导意见》,预计到2022年,重庆年产汽车将达到320万辆左右,占全国汽车年产量的10%,实现产值约6500亿元,单车价值量实现大幅提升。其中,年产新能源汽车约40万辆、智能网联汽车约120万辆,成为全国重要的新能源和智能网联汽车研发制造基地。

3.3.3 国内车联网发展政策

(1)《汽车产业中长期发展规划》

2017年4月,工业和信息化部、国家发展和改革委员会和科技部联合发布《汽车产业中长期发展规划》。根据汽车产业规划,我国汽车产量仍将保持平稳增长,预计2025年将达到3 500万辆。汽车产业规划中与网联自动驾驶相关的发展规划包括依托各类产业投资基金、汽车产业联合基金等资金渠道,支持智能网联汽车创新中心建设工程和智能网联汽车推进工程等8大工程实施;通过国家科技计划(专项、基金等)统筹支持前沿技术、共性关键技术研发。

到2020年,完成智能网联汽车创新中心建设,实现良好运作,智能网联汽车国际同步发展;到2025年,创新中心高效服务产业发展,具备较强国际竞争力,智能网联汽车进入世界先进行列。充分发挥智能网联汽车联盟、汽车产业联合基金等作用,不断完善跨产业协同创新机制,推进智能网联汽车技术创新,重点攻克环境感知、智能决策、协同控制等核心关键技术,促进传感器、车载终端、操作系统等研发与产业化应用。

突破车用传感器、车载芯片等先进汽车电子等产业链短板,培育具有国际竞争力的零部件供应商,形成从零部件到整车的完整产业体系。到2020年,形成若干家超过1 000亿规模的汽车零部件企业集团,在部分关键核心技术领域具备较强的国际竞争优势;到2025年,形成若干家进入全球前10的汽车零部件企业集团。

到2020年,汽车驾驶辅助(DA,L1)、部分自动驾驶(PA,L2)、有条件自动驾驶(CA,L3)系统新车装配率超过50%,网联式驾驶辅助系统装配率达到10%。到2025年,DA、PA、CA(L1~L3)新车装配率达80%,其中PA、CA(L2~L3)级新车装配率达25%,高度和完全自动驾驶汽车(HAFA,L4~L5)开始进入市场。

(2)《车联网(智能网联汽车)产业发展行动计划》

2018年12月,为加快车联网(智能网联汽车)产业发展,大力培育新增长点、形成新动能,工业和信息化部发布了《车联网(智能网联汽车)产业发展行动计划》(以下简称《行动计划》),进一步促进了车联网产业的持续健康发展。《行动计划》的出台,彰显了国家对于车联网产业发展的高度重视,明确表示将加大对车联网产业的政策支持力度。

《行动计划》指出,到2020年,实现车联网(智能网联汽车)产业跨行业融合取得突破,具备高级别自动驾驶功能的智能网联汽车实现特定场景规模应用,车联网综合应用体系基本构建,用户渗透率大幅提高,智能道路基础设施水平明显提升,适应产业发展的政策法规、标准规范和安全保障体系初步建立,开放融合、创新发展的产业生态基本形成,满足人民群众多样化、个性化、不断升级的消费需求。

要完成行动目标,需要从关键技术、标准体系、基础设施、应用服务和安全保障上着手。

① 关键技术。构建能够支撑有条件自动驾驶(L3级)及以上的智能网联汽车技术体系,形成安全可信的软硬件集成与应用能力。智能网联汽车计算基础平台、平台线控、智能驱动等核心技术有所突破,L3级集成技术水平大幅提升。实现基于第四代移动通信技术设计的车联网无线通信技术(LTE-V2X)产业化与商用部署,加快基于第五代移动通信技术设计的车联网无线通信技术(5G-V2X)等关键技术研发及部分场景下的商业化应用,构建通信和计算相结合的车联网体系架构。

② 标准体系。完成车联网(智能网联汽车)关键标准制定,大幅增加标准有效供给,健全产业标准体系。提升综合测试验证能力,完善测试评价体系,构建场景数据库,形成测试规范统一和数据共享,形成一批区域性、有特色、先导性的示范应用。

③ 基础设施。实现LTE-V2X在部分高速公路和城市主要道路的覆盖,开展5G-V2X

示范应用,建设窄带物联网(NB-IoT)网络,构建车路协同环境,提升车用高精度时空服务的规模化应用水平,为车联网、自动驾驶等新技术应用提供必要条件。

④ 应用服务。车联网用户渗透率达到30%以上,新车驾驶辅助系统(L2)搭载率达到30%以上,联网车载信息服务终端的新车装配率达到60%以上,构建涵盖信息服务、安全与能效应用等的综合应用体系。

⑤ 安全保障。产业安全管理体系初步形成,安全管理制度与安全防护机制落地实施,安全技术及产品研发取得阶段性成果,安全技术支撑手段建设初见成效,安全保障和服务能力逐步完善。

2020年后,通过持续努力,推动车联网产业实现跨越发展,技术创新、标准体系、基础设施、应用服务和安全保障体系全面建成,高级别自动驾驶功能的智能网联汽车和5G-V2X逐步实现规模化商业应用,"人-车-路-云"实现高度协同,人民群众日益增长的美好生活需求得到更好满足。

3.3.4 国内车联网发展趋势

随着前沿技术和产业发展的不断融合,国内车联网产业日益走向正轨,发展持续提速。未来国内车联网发展的重点将包括以下几个方面。

(1) 标准体系持续完善。

2018年6月,工业和信息化部和国家标准委联合印发《国家车联网产业标准体系建设指南(总体要求)》《国家车联网产业标准体系建设指南(信息通信)》和《国家车联网产业标准体系建设指南(电子产品和服务)》,全面推动车联网产业技术研发和标准制定。

《建设指南》指出,将针对车联网产业"十三五"发展需要,加快共性基础标准制定,加紧研制自动驾驶及辅助驾驶(Advanced Driver Assistant Systems,ADAS)相关标准、车载电子产品关键技术标准、无线通信关键技术标准、面向车联网产业应用的5G eV2X关键技术标准制定,满足产业发展需求。到2020年,基本建成国家车联网产业标准体系。

(2) 跨界合作更加广泛

车联网作为物联网技术在汽车行业的应用,加大通信技术和汽车技术的融合才是推动车联网发展的根本。根据《北京市智能网联汽车创新发展行动方案(2019—2022)》,北京将成为5G车联网重点示范应用程式,2020年在重点区域完成5G车联网建设,推动延崇高速、京雄高速、新机场高速等高速路智能网联环境、监控测评环境建设,施划智能网联专用车道。5G技术与汽车智能电子的深度融合才能发挥出车联网的巨大潜力。

(3) 商业推进不断加快

车联网技术是我国抢占汽车产业未来战略的制高点,汽车产业转型升级、由大变强的突破口,因此国家在政策上对车联网产业的大力支持和倾斜,推动了车联网的商业化进程;另一方面,由于5G网络技术发展进展迅速,测试、试运营有序推进,为车联网的产业化提供了技术基础,车联网技术的商业部署也将不断加快。

(4) 关键技术持续突破

随着车联网产业发展热潮的持续发酵,各企业在人工智能,传感器,超算平台等领域的投入将继续加大。车联网相关关键技术将持续突破。自主式汽车在自动控制、体系结构、人工智能、视觉运算等计算方面将进一步发展;协作式汽车也将通过网络实时交互实现信息的充分共享。特别是在特斯拉自动驾驶事故给车联网产业研究者敲响了警钟后,自车的环境感知系统会受到时间,路况准确性的限制,无法穷尽极端等情况越来越受到研究者的重视。在未来,网联化和智能化的结合将是车联网关键技术突破的方向。

(5)示范场景更加丰富

我国积极推进智能网联汽车测试示范区建设工作,初步形成了"5+2"的建设格局。各地区结合智能网联汽车发展状况,依托地区优势、特色资源,积极探索和建设示范区。北京—河北、上海、重庆、浙江、长春、武汉、无锡等地已建设智能网联汽车测试示范区,积极推动半封闭、开放道路的测试验证,为建立更加全面的智能网联汽车、智慧交通测试环境创造了有利条件。以国家智能网联汽车(上海)试点示范区为例,将分阶段实现车联网的各项应用场景,如初级阶段的自主泊车、车道保持辅助、自适应巡航、车辆紧急制动、自动循迹行驶、自动避障、HMI人机交互系统等功能;第二阶段的编队行驶、路口信号灯交互、绿波通行、道路标牌识别、道路标识/标线识别等部分网联功能;以及后续阶段的盲区检测、路口车辆碰撞预警、前车车辆碰撞预警、行人过道预警、道路危险状况预警等网联功能等。

第4章 车联网的关键技术

车联网技术不仅指将车连接起来的通信网络,而且还包括了基于车与其他实体之间交互(V2X通信)的各种应用。不仅车与车之间要进行互联,道路之间、车路之间也需要通过网络互相沟通。所以广义的车联网既包括车与车、车与路、车与人、车与后台中心的连接,还包括路与路、路与人、路与后台中心之间的连接,它通过各种通信技术将人、车、路、中心有机地互联起来。在本章重点介绍形成车联网的通信技术和协议标准,包括基于专用短距离通信技术DSRC技术和中国力推的基于蜂窝移动通信的LTE-V2X技术。这两种技术形成了车联网信息交换的技术基础。

4.1 车联网的构成

如前所述,车联网是以车内网、车际网和车云网为基础,按照约定的通信协议和数据交互标准,在车与车、车与路、车与行人之间,进行无线通信和信息交换的大系统网络。车内网是指通过应用成熟的总线技术建立的一个标准化的整车网络;车际网是指基于专用短距离通信技术DSRC技术和LTE-V2X技术构建的实现车与车和车与路边的基础设施之间中短程距离通信的动态网络;车云网(也称车载移动互联网)是指车载终端通过蜂窝移动通信技术与Internet或云端进行远程无线连接的网络。在本章中,先向大家详细展示了车联网体系架构,然后从技术原理的角度,对实现车联网的DSRC技术和LTE-V2X技术进行详细的说明。

4.1.1 车内网

对于一辆车来说,它包括很多的部件,如车载摄像头、空调、音响、摄像头、发动机和轮胎等。这些部件都可以直接或通过安装传感器信息化、数字化。

有了数据,就可以进行传输。将车内各个部件的数据,传递给这辆车的"神经中枢"的网络,可以称之为"车内网"。车内网也称为车载局域网(Local Area Network,LAN)是指分布在汽车上的电器与电子设备在物理上互相连接,并按网络协议相互进行通信,以共享硬件、软件和信息等资源为目的的电子控制系统(见图4-1)。汽车控制器局域网CAN等通信协议的开发使多个车载局域网可通过网关(智能服务器)进行数据通信,实现整车的信息共享和网络管理。

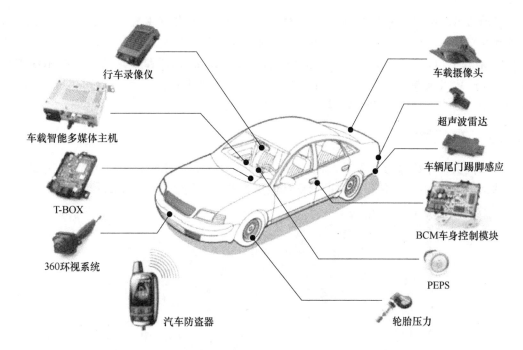

图 4-1 车载局域网

4.1.2 车际网

作为物联网在交通行业的领域的典型应用,车际网从技术应用进行定义,车车/车路之间的通信一般又被称为 V2X(Vehicle to Everything)或 C2X(Car to Everything)(见图 4-2),包含车与车(Vehicle to Vehicle,V2V)、车与路(Vehicle to Infrastructure,V2I)、车与行人(Vehicle to Pedestrian,V2P)和车与云(Vehicle to Network,V2N)。

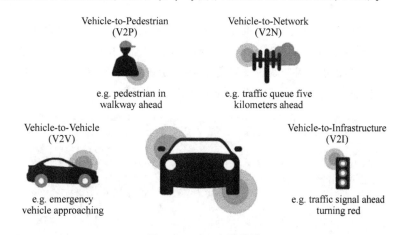

图 4-2 V2X 应用分类

V2X 实现车辆与一切可能影响车辆的外部实体实现信息交互,目的是减少事故发生,减缓交通拥堵,降低环境污染以及提供其他信息服务。同时,V2X 技术也是实现车辆全部联网,自动驾驶,达到车联网的最终愿景而不可或缺的技术。

目前 V2X 领域存在着两大通信标准体系,即 DSRC(车载专用短程通信)和 C-V2X(基于移动蜂窝网的车联网通信技术)。其中,DSRC 是由 IEEE 制定,已于 2010 年 7 月颁布。C-V2X 是基于 3GPP 全球统一标准的通信技术,包含 LTE-V2X 和 5G-V2X,从技术演进角度讲,LTE-V2X 支持向 5G-V2X 平滑演进。LTE-V2X 的准化已经完成,5G-V2X 的标准还在制定中,DSRC 和 LTE-V2X 将是本章重点介绍的内容。

4.1.3　车云网

车云网又称车载移动互联网,通过 2G/3G/4G 等移动蜂窝技术,可以将汽车变成一个快速移动的互联网终端,使得汽车的驾乘体验更为安全、舒适(见图 4-3)。

图 4-3　车载移动互联网

移动互联网的出现可以为司机或乘客实现实时连接和通信,为出行提供方便、快捷的体验。车载移动互联网可以让汽车实时监控周围的路况,减少拥堵以及降低交通事故发生的可能。

车载移动互联网还可以让汽车精准定位导航,避免因判断失误使得司机走错路,走弯路(见图 4-4)。让司机驾驶更安心和更放心,不必为接打电话和回复信息而担心引发事故。同时智能的联网可以让司机减少疲劳驾驶等。在一定的条件下,对于乘客的安全也是一种保障,可以随时监控行车路线,遇到突发情况后可以及时报警。

图 4-4　AR 车辆导航

还有一个优势就是，车载移动互联网不需要另外铺设有线线路，只需要借助于互联网技术无线传输即可，减少了很多实际应用问题，而且对汽车的出行不构成影响，且不影响目前的交通状况。

4.2 V2X 的优势和发展

4.2.1 V2X 的优势

各大运营商已经铺设了较为完善的 2G/3G/4G 无线蜂窝移动网络，为何还要设计专用的 V2X 通信系统？基于蜂窝移动通信系统的 V2X 协同通信的优势在哪里？

根据车联网的愿景，自动驾驶功能的实现需要完成海量、实时的数据交互，因此需要更高的网络带宽和更低的延时，如果采用传统的无线蜂窝移动网络，除了要更高质量的通信系统，也必须具备全覆盖的道路网络系统。而 V2X 技术采用车载自组织网等工作模式，突破网络基础设施的限制，其实质即是通过提供实时、高可靠的和可操作的信息流来重新定义交通，以提高安全性、效率，实现环保要求。特别是在网络时延方面，未来的 V2X 技术可以将端到端的通信时延控制在 10 ms 以内，这对于保障车辆在行驶过程中的安全至关重要。因此，V2X 通常也被称为协作式 ITS(C-ITS)，V2X 在未来的安全、高效和环境保护的交通中占有重要地位，并将推进智慧交通和自动驾驶的发展。

基于蜂窝移动通信系统的 V2X 技术可以在以下模式下工作。

(1) 设备对设备(Device-to-Device,D2D)

在该模式下，车对车(V2V)、车对路(V2I)和车对行人(V2P)可以直接通信，而无须通过网络调配。该模式类似于 802.11p 标准应用在车载自组织网络中。D2D 允许终端之间在没有基础网络设施的情况下，利用无线资源直接进行通信的，D2D 通信链路建立起来，其通信所需的数据流量将不再经过基站和核心网，从而减少通信时延、减轻基站压力、缓解核心网负载，大大提升频谱利用率和吞吐量。

(2) 设备对基站(Device-to-Base Station,D2B)

设备对基站是另一种 V2I 通信连接方式，能够保证网络资源和调度，可以利用现有的运营商基础设施。设备到基站通信是 V2I 通信的一部分，是端到端解决方案的重要组成部分。

(3) 设备对网络(Device-to-Network,D2N)

V2X 系统主要是共享车辆运动状态信息和道路环境信息来实现协作式的主动安全应用，而 ADAS 系统主要依赖自身感知的信息实现智能驾驶。利用 V2X 可以在车辆之间协作、共享感知到的信息，比如将前方车辆的视频信息共享给后面的车辆，延伸它们的视野从而增强 ADAS 系统的智能驾驶能力，这种能力在 5G 环境下一定能够提供更高可靠性、更低时延的通信服务。

V2X 的一个重要特征是支持车与车、人、路的信息直通传输，而直通传输模式在车联网的应用中不可或缺。V2X 的应用场景非常丰富，其共同的特点就是使用主动交互的方式提供超视距的通信服务，相比于传统蜂窝系统，V2X 的优势在于以下几个方面。

系统效率问题

对于安全类业务,蜂窝移动网络的系统效率较低。此外,汽车数量庞大,蜂窝网无法满足需求。目前世界上的大型城市,普遍有数以百万计的车辆。以蜂窝网作为基础来构建车联网是目前的蜂窝网性能难以承受的。

在车辆行驶的过程中,每辆车都需要将盲区监测系统 BSM 消息,包括自身的移动速度、航向角、当前位置和历史轨迹等信息广播给周围的每辆车。同时,每辆车则需要接收周围所有车辆的 BSM 消息,这样每辆车就可以根据周围车辆与自身的相对速度、距离等信息,预先发现潜在的碰撞风险,从而避免碰撞。

如图 4-5 所示,如果采用蜂窝点对点的通信方式实现 A 车与 B 车互通 BSM 消息,需要建立 $2 \times 2 = 4$ 个链路。A 车将 BSM 消息发送给 B 车需要建立 2 个链路,首先 A 车需要与基站建立上行链路,通过该链路将 A 车的 BSM 消息发送给基站,然后基站需要与 B 车建立下行链路,通过该链路基站将 A 车的 BSM 消息转发送给 B 车,同理,B 车将 BSM 消息发送给 A 车也需要建立 2 个链路。

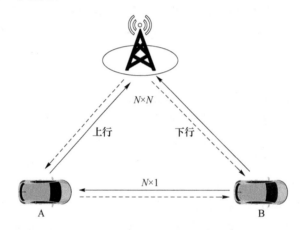

图 4-5 蜂窝通信与短距直通效率比较

随着相关车辆数量的增加,当需要相互通信的车辆数为 N 时,则需要的 $N \times N$ 个链路。N 辆车首先将相应的 BSM 消息发送给基站,需要 N 份上行链路;然后基站将每个 BSM 消息发送给另外 $N-1$ 辆汽车,需要 $N \times (N-1)$ 个下行链路。

如果采用直通传输方式,每辆车只需要将 BSM 消息直接广播出去即可,需要 N 个广播链路。所以当 N 较大时,直通传输方式的通信承载效率明显高于蜂窝方式。

时延问题

蜂窝网的时延较大,且不可控。时延问题一直是车联网关注的重点。虽然没有人用车联网玩射击(First-person Shooting Game,FPS)游戏,但是时延问题对于车联网问题究竟有多重要呢?在非自动驾驶条件下,一般的紧急状况(如发生了车祸需要将车祸信息通报给周围的车辆)百毫秒级的时延仍然是可以忍受的。

如图 4-6 所示,当 A 车向 B 车发送安全消息时,如果采用蜂窝通信方式时,A 车首先需要把安全消息发送给基站,用时 T_1;然后基站将该消息解调,甚至还需要核心网和应用服务器处理,用时 T_2;最后基站将安全消息发送给 B 车,用时 T_3。如果采用直通传输方式,则 A

车可直接将安全消息发送给 B 车,用时 T_0。短距直通时延 T_0 将远小于通常蜂窝网的所用时延 $T_1+T_2+T_3$。

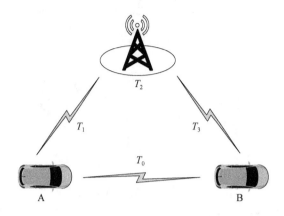

图 4-6　蜂窝通信与短距直通时延比较

完善覆盖问题

有中心的蜂窝网难以实现全面无缝覆盖。特别是当发生地震等自然灾害时,由于传输或者配电等问题,难以保证基站的正常工作;此外,由于无线环境随时随地会产生变化,蜂窝网络难免出现覆盖空洞。因此,需要有无中心的直通传输来保障安全消息的可靠传递,以减少交通事故。

4.2.2　V2X 的应用场景

车际通信需要满足车辆高速行进过程中车辆之间的或者车辆与设施或其他终端之间的数据和信息交换,其主要特点包括:

① 车辆高速移动,网络拓扑结构变化非常快,车辆的行驶轨迹变化极快;
② 车辆移动范围受道路限制,车辆的行驶轨迹一般可以预测;
③ 车辆移动具有一定的规律性,只能沿着车道进行单/双向运动;
④ 无线信道质量不稳定,受多种因素的影响,包括路边建筑、道路情况、车辆类型和车辆相对速度等;
⑤ 网络的容量有限,但具有极好的可扩展性。

面向这些特点,3GPP 通过的技术报告 TR36.885《Study on LTE-based V2X Services》描述了不同接口下的 V2X 应用场景。在报告中,将 RSU 单元根据功能不同分为两类:支持 V2X 应用和 eNB 功能的 eNB 类型 RSU,和支持 V2X 应用和 UE 功能的 UE 类型 RSU。其中,eNB 类型 RSU 与 UE 之间的接口为 Uu 接口,UE 类型的 RAU 与 UE 之间的接口为 PC5 接口。

(1) 基于 PC5 接口的 V2X 应用场景(见图 4-7)

在该场景中,UE 通过副链路(Sidelink,SL)向其他本地 UE 传输 V2X 消息。如果通信一方为 UE 类型 RSU,则为 V2I 应用;如果通信一方为普通 UE 终端,则为 V2P 场景。

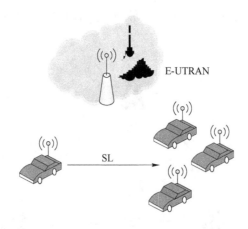

图 4-7 基于 PC5 的 V2X 应用场景

(2) 基于 Uu 接口的 V2X 应用场景(见图 4-8)

该场景中类似于普通的蜂窝移动通信过程,UE 通过上行链路(Uplink,UL)向接入网(E-UTRAN)传输 V2X 消息,然后 E-UTRAN 通过下行链路(Downlink,DL)传送 V2X 消息给本地 UE。由于该场景需要中心节点,因此可以支持 V2N 应用,即 UE 与应用服务器进行通信。在 V2N 场景中,E-UTRAN 能够通过 UL 接收 V2X 消息,通过 DL 发送 V2X 消息。另外,在下行,EUTRAN 支持广播机制。根据通信一方是否支持 RSU 功能,可以分为 V2P 和 V2I 应用。如果通信一方为 eNodeB 类型 RSU,则为 V2I 应用;如果通信一方为普通 eNodeB,则为 V2P 场景。

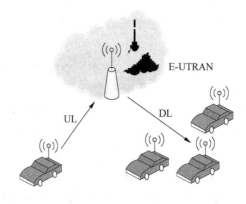

图 4-8 基于 Uu 接口的 V2X 应用场景

(3) 基于 PC5 接口和 Uu 接口的 V2X 应用场景

基于 PC5 接口和 Uu 接口的场景下,可以支持 D2D 的车载自组织网络和基于中心节点的 V2X 两种工作模式,如图 4-9 所示,UE 首先通过副链路 SL 向其他 UE 传输 V2X 消息,其中一个接受消息的 UE 为 UE 类型的 RSU。接下来该 UE 类型 RSU 通过上行链路 UL 向 E-UTRAN 传输消息,EUTRAN 接收到发自 UE 类型的 RSU 消息后,通过下行链路 DL 在本地区域向其他 UE 传输消息。

在场景 B 中,UE 首先通过上行链路 UL 向 E-UTRAN 传输 V2X 消息。接下来,E-UTRAN通过下行链路 DL 将该消息传输给一个或多个 UE 类型的 RSU。最后,该 UE

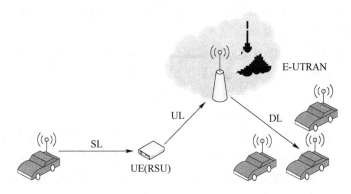

图 4-9 基于 PC5 接口和 Uu 接口的 V2X 应用场景 A

类型 RSU 通过副链路 SL 向其他 UE 传输 V2X 消息，如图 4-10 所示。

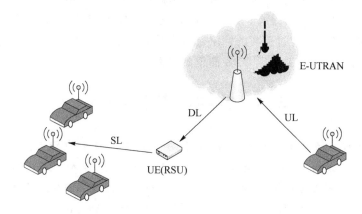

图 4-10 基于 PC5 接口和 Uu 接口的 V2X 应用场景 B

4.2.3　V2X 的发展预测

基于蜂窝移动通信系统的 V2X 技术标准划分为 3 个阶段：3GPP R14 定义的 LTE-V2X(Phase 1)，3GPP R15 定义的 LTE-eV2X(Phase 2)，以及从 3GPP R16 开始定义的 5G NR-V2X(Phase 3)。2019 年 3 月，3GPP 完成了初步的基于 5G 新空口的 C2X 技术标准工作。

在中国，工业和信息化部于 2018 年 12 月 25 日印发了《车联网（智能网联汽车）产业发展行动计划》，确定了分阶段实现车联网产业高质量发展的目标。《行动计划》明确指出：第一阶段到 2020 年，将实现车联网（智能网联汽车）产业跨行业融合取得突破，具备高级别自动驾驶功能的智能网联汽车实现特定场景规模应用，车联网用户渗透率达到 30% 以上，智能道路基础设施水平明显提升。第二阶段，2020 年后，技术创新、标准体系、基础设施、应用服务和安全保障体系将全面建成，高级别自动驾驶功能的智能网联汽车和 5G-V2X 逐步实现规模化商业应用，"人-车-路-云"实现高度协同，人民群众日益增长的美好生活需求得到更好满足。大力支持 LTE-V2X、5G-V2X 等无线通信网络关键技术研发与产业化，全面构建通信和计算相结合的车联网体系架构。通过合作共建，推动完善车联网产业基础设施。加强部门合作和部省协同，构建基于 LTE-V2X、5G-V2X 等无线通信技术的网络基础设施。

打造综合大数据及云平台,推进道路基础设施的信息化和智能化改造,支持构建集感知、通信、计算等能力为一体的智能基础设施环境。

在未来,结合 5G 技术,5G-NR V2X 能够提供更高的可靠性、数据传输率和更低的时延实现车联网自动驾驶的应用。V2X 通信系统要能够满足如下条件:

① 特别低的时延(比如 1 ms 的端到端时延);
② 特别高的可靠性(比如接近 100%);
③ 较高的上行数据速率(比如车流量较大场景下每辆车达到 10 Mbit/s);
④ 较高的下行数据速率(比如车流量较大场景下每辆车达到 10 Mbit/s);
⑤ 较高的移动性(比如绝对速度超过 200 km/h,相对速度超过 400 km/h);
⑥ 支持一点到多点的数据传输(比如多播业务和广播业务);
⑦ 支持较高的定位精度(比如达到 0.1 m);
⑧ 支持大数量车辆连接(比如应用场景中车辆可以超过 10 000 辆)。

目前的 C-V2X 技术还不是真正的 5G,但是已经实现了 V2X 技术和蜂窝模式的融合,未来可以平滑演进到 5G,通过更高的网络带宽支持和更低的网络时延性能,可以支持海量、实时的数据交互,以解决目前车辆 V2X 通信的一系列问题。

4.3 DSRC 关键技术

专用短距离通信技术 DSRC 技术最开始用于不停车电子收费系统(Electronic Toll Collection,ETC)。2004 年开始,美国的 DSRS 标准化工作转入 IEEE 802.11p 与 IEEE 1609 工作组进行。从结构上划分,802.11p 是底层的标准,IEEE 1609 为网络层标准。新的 DSRC 标准被称为车辆环境下的无线接入标准(Wireless Access in Vehicular Environment,WAVE)。在高速移动的车联网环境中,车辆间通信的时延要求很高,原有的 802.11 机制无法满足,因此 802.11p 对原有机制定义的规则进行了简化,在 WAVE 协议栈中,IEEE 802.11p 协议针对车间通信环境在原来 802.11 的基础上对物理层和媒体访问控制(Media Access Control Address,MAC)层进行了修改,允许车辆节点之间直接通信。其中 MAC 层采用了 IEEE 802.11e 的增强型分布式协调接入机制(Enhanced Distributed Coordinate Function,EDCF)。IEEE 1609 系列定义了高层标准,其中 IEEE 1609.1 描述 WAVE 系统结构中的一些重要组成部分,定义了控制信息格式以及数据存储的格式,并规定远程应用和资源管理之间的控制流程,为应用的注册、管理以及车载设备资源的存取提供标准接口。IEEE 1609.2 主要考虑安全相关的业务以及管理信息,包含签名、加密、数字加密等的工作过程。IEEE 1609.3 主要涉及 WAVE 的连接设置和管理,规定了通信协议的网络层与传输层。IEEE 1609.4 工作在 IEEE 802.11p 的上层,对 IEEE 802.11p 协议的 MAC 层提供增强性的功能,以支持多信道操作。资源分配机制定义了通信节点竞争使用无线资源所需遵守的规则,使得通信节点尽可能公平有效地共享无线资源。

欧洲相关标准由欧洲电信标准化协会(European Telecommunications Standards Institute,ETSI)和欧洲标准化组织 CEN/ISO 制定。2014 年发布了欧盟委托制定的第一版协作式智能交通标志(C-ITS),其底层标准 ITS G5 同样采用 IEEE 802.11p 协议。但是不同的是,在网络传输层,欧洲标准以基于地理位置的组网/基本传输协议为主;在应用层,除了定义了周期性消息(Cooperative Awareness Message,CAM)之外,还单独定义了事件触发类消息(Decentralized Environmental Notification Message,DENM)。

4.3.1　DSRC通信模式

DSRC系统包含车载装置(On Board Unit,OBU)与路侧装置(Road Site Unit,RSU)两项重要组件。不同于蜂窝网络,OBU与OBU、RSU与OBU间之间直接进行信号传输(直通传输),无须基站转发。通过OBU与RSU提供车间与车路间信息的双向传输,RSU再通过光纤或移动网络将交通信息传送至后端平台,从而实现OBU与云端的通信。如图4-11所示,RSU一般固定在某个地点使用;OBU则在使用过程中不断移动,一般安装或放置在运载工具(如车辆)上。

图4-11　DSRC的OBU与RSU通信

根据WAVE系列标准,DSRC的通信通过两种类型的无线信道进行传输:单一的控制信道和多层次服务信道。控制信道主要用于传输WAVE短消息和系统管理消息,如WAVE服务公告(WAVE Service Advertisements,WSA);服务信道一般常见于常见的应用数据传输。在实际的通信中,通过WAVE的控制接口,使得信息在不同的实体之间进传递。

以一个具体的通信过程为例:假设一个RSU发送了一个WSA消息,消息中包含的标签供应者服务标签(Provider Service ID,PSID)代表它是属于交通咨询应用服务,同时包含了服务信道信息(以信道号N为标识)。则交通咨询应用的程序通过WAVE短消息服务在N号信道上广播本地交通公告,并通过IPv6对更多常见的交通信息进行回应。凡进入这个RSU覆盖范围的车辆用户都可以接收并评估在控制信道上WSA中的服务信息。那些对行驶公告有兴趣的用户设备将识别广播中的PSID值并调谐到N号信道,从而可以访问公告中的交通咨询应用服务。用来组建应用服务公告的交换信息只包括WSA,其他信息的交换都是由各个应用程序完成。

4.3.2 DSRC 帧结构

IEEE 802.11p 采用正交频分复用(OFDM)调制技术,是 IEEE 802.11a 标准的扩展。

与 IEEE 802.11a 相同,802.11p 的 OFDM 符号有 64 个子载波,其中 52 个子载波用来承载有效数据,4 个子载波充当导频,用以监控频率偏置和相位偏置,其余 8 个子载波则是用来传递数据。

一个完整的 802.11p 的帧结构包括 3 部分,PLCP 导频(Physical Layer Convergence Protocol Preamble)、信号域(Signal Field)与数据域(Data Field)。其中 PLCP 导频由短序列符和长序列符构成,用来完成信号侦查、频率偏置估计、时间同步和信道判断。

如图 4-12 所示,其中 t_1 到 t_{10} 是短前导码,GI2 是长前导码的循环前缀,T_1 和 T_2 是长前导码,GI 是数据符号的循环前缀。

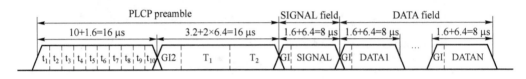

图 4-12 802.11p 帧结构

信号域主要用来指示数据域的传输速率及数据长度,辅助业务的数据解调。数据域就是所承载的业务数据符号。

物理层 PLCP 协议数据单元(PLCP Protocol Data Unit,PPDU)的帧结构如图 4-13 所示,PLCP 头中包含了后续 PLCP 服务数据单元(PLCP Servive Data Unit,PSDU)的基本信息:长度(LENGTH)、调制速率(RATE)、奇偶校验位(Parity)和服务域(SERVICE)等。其中,LENGTH、RATE、Parity 增加尾比特之后构成了 PPDU 帧的信号域,由于其中包含了该帧最重要的参数信息,物理层采用 BPSK 调制,码率为 1/2 的单个 OFDM 符号来传输。PLCP 头中的 SERVICE 和 PSDU 字段构成了 DATA 域,这部分数据采用 RATE 字段中指定的速率进行编码调制,通常由可变数量的 OFDM 符号组成。SIGNAL 域中尾比特的存在使得接收端在收到该符号后立即就可以对其进行解调和译码,避免接收端在接收到整个 PPDU 之后才能进行解调和译码,提高了通信效率,减少了时延。此外,由于 SIGNAL 域采用了固定的调制方式和速率,即使接收端不支持后续数据符号的调制方式和编码速率,它仍然能够获取该接收帧的基本信息,这一特性保证了 MAC 子层的虚拟载波侦听机制的有效性。

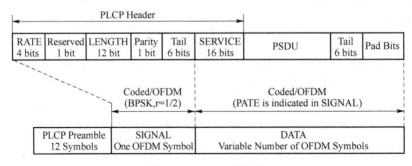

图 4-13 PPDU 帧结构

IEEE 802.11a 的子载波间隔是 0.312 5 MHz，52 个子载波占用 16.25 MHz、3.75 MHz 的保护带宽，总系统带宽是 20 MHz。IEEE 802.11a 的子载波间隔的倒数就是该符号的 FFT 周期为 3.2 μs，循环前缀为 0.8 μs。

当 OFDM 符号的接收定时偏移与信号的多径时延扩展不大于循环前缀时，在接收端可有效抑制 ISI（符号间干扰）与 ICI（信号间干扰）。在车载环境下，多径时延可达 1.15 μs，所以 IEEE 802.11p 的循环前缀扩展为 1.6 μs。

在车载环境下为了增加对信号多路径传播的承受能力，循环前缀变为 1.6 μs。同时，符号周期、FFT 周期、导频长度等物理层的参数增加为 IEEE 802.11a 的两倍，对应的系统带宽、子载波间隔等变为 IEEE 802.11a 的一半。

表 4-1 802.11p 与 802.11 的参数比较

参数	IEEE 802.11a	IEEE 802.11p	改变
传输速率(Mbit/s)	6、9、12、18、24、36、48、54	3、4.5、6、9、12、18、24、27	减半
纠错码	卷积编码($K=7$)	卷积编码($K=7$)	无变化
调制模式	BPSK、QPSK 16QAM、64QAM	BPSK、QPSK 16QAM、64QAM	无变化
码率	1/2、2/3、3/4	1/2、2/3、3/4	无变化
载波数	52	52	无变化
符号周期	4 μs	8 μs	倍增
保护间隔	0.8 μs	1.6 μs	倍增
FFT 周期	3.2 μs	6.4 μs	倍增
导频长度	16 μs	32 μs	倍增
子载波间隔	0.312 5 MHz	0.156 25 MHz	减半
占用带宽	16.6 MHz	8.3 MHz	减半
系统带宽	20 MHz	10 MHz	减半

4.3.3 DSRC 物理层关键过程

为了支持异步直通传输模式，802.11p 物理层的关键技术主要包括：自动增益控制（Automatic Gain Control，AGC）、前导序列检测、净信道估计（Clear Channel Assessment，CCA）、定时估计、频偏估计。

(1) DSRC 的自动增益控制

在 WLAN 接收机中，自动增益控制用来在 ADC 端获得最可能的接收信号功率，以使得信号处理误差最小。因此需要根据 WLAN 接收机天线端的信号接收功率调整低噪放大器和程控放大器。由于不能在天线的射频端测量信号功率，因此需要在中频的带通信号端估计信号功率。这里主要有 3 个原因导致射频端估计信号功率困难。首先，射频输入信号的动态范围较大，有 80 dB。其次，需要非常精确的功率估计以调整低噪放大器和程控放大器。最后，自动增益控制处理必须在几微秒内完成，为 WLAN 接收机的数字部分提供稳定的和足够长的导频序列，这些导频可用来做频偏估计和定时同步。

图 4-14 是低中频 WLAN 接收机的自动增益控制示意图，该低中频 WLAN 接收机主要

由低噪声放大器(LNA)、混频器、交流耦合器(AC Coupling)、信道滤波器(Channel Filter)、模拟功率估计器(Analog Power Estimator)、程控增益放大器(PGA)、数字功率估计器(Digital Power Estimator)、数字控制器(Digital controlling)、数字滤波器(Digital Filter)、下采样器(Decimation by4)、基带处理等模块。其中模拟功率估计单元、数字功率估计单元和控制单元是 AGC 的 3 个主要构成部分。

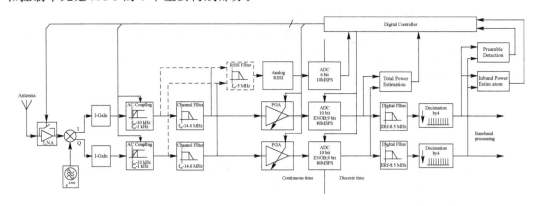

图 4-14　低中频接收机的自动增益控制系统示意图

模拟功率估计单元由接收信号滤波器(RSSI Filter)、模拟滤波器(Analog RSSI)、模数转换器(Analog-to-Digital Conventer，ADC)构成。模拟功率估计单元计算信道滤波后模拟信号的功率均值，将功率均值取对数，将对数值采用 6 bit 的 ADC 进行模数转换，最后将 6 bit 的 RSSI 输入控制模块。

数字功率估计单元由 10 bit 的 ADC、总功率估计器(Total Power Estimation)构成。数字功率估计单元将 PGA 输出信号经过 10 bit ADC 转换为数字信号，然后计算数字信号的功率均值，并将该功率均值输入到控制模块。

控制单元主要是生成 LNA 和 PGA 的增益系数，并且控制相关设备的激活与休眠。

在准备模式，所有非必需的模块，如数字功率估计单元、大部分数字处理单元是关闭的(休眠态)，这样做的目的是节省接收端的功率消耗。随后，LNA 和 PGA 被设置成最大增益，此时，即使是天线处收到了最小输入功率 P_{th_on}，10 bit ADC 也将输出较大信号功率。只要输入信号功率大于门限值 P_{th_on}，接收机的休眠单元就被激活。将模拟功率估计(RSSI 和 6 bit ADC)一直保持激活态，并根据 RSSI 值检测输入信号功率是否超过门限值。在时刻 t_0 检测到输入信号功率超过 P_{th_on} 后，数字功率估计单元输出平均功率。由于接收机组时延的存在，从 $t_0+\tau_{ges}$ 开始第一个数字估计，再经过 N 个抽样点后获得第一个数字功率均值估计 P_{Est}。同时 RSSI 值也在估计中。$t_0+1\,\mu s$ 之后，比较当前的 RSSI 值和前一个 RSSI 值，如果两者的差值绝对值大于门限值 k，就从 RSSI 获得当前的信号功率估值。这主要是因为在该场景下，10 bit ADC 输出值饱和了，所计算的估值不准；反之，如果两者的差值绝对值小于门限值 k，采用数字估值 P_{Est1}，此时认为 10 bit ADC 输出值轻度饱和或是没有饱和，其估值更准确。

输入信号功率高于门限值 P_{th_on}，自动增益控制未进入稳定态且导频检测未发现有效信号，上述处理每 $1\,\mu s$ 重复一次(估计时间是估计精度和 AGC 设置时间的折中)。如果 PGA 当前的设定值与前一次的设定值的差值绝对值小于门限值 k_2，并且 LNA 的增益设定值与前一次的相同($LNA_n = LNA_{(n-1)}$),AGC 调整进入稳定态。AGC 进入稳定状态且检测到有效的导频码之后,固定 LNA 和 PGA 的配置直到数据突发结束。随后接收系统进入准备模式,当检测到输入信号功率大于 $P_{\text{th\_on}}$,再次开启自动增益控制的跟踪过程,如果是收到了较强的干扰信号,该跟踪过程将持续进行。

(2) DSRC 的前导序列检测

802.11p 是异步系统,所以接收端并不知道待接收信号什么时候到达,因此需要进行前导序列检测,大致判断有无信号到达。

由 Schmidl 和 Cox 提出的前导序列检测,在当前被认为是标准的算法。该时延与相关算法利用了前导序列的周期性,抽样点 n 的相关值 $P(n)$ 与功率值 $R(n)$ 做如下定义:

$$P(n) = \sum_{m=0}^{L-1} [(r^*(n+m) \cdot r(n+m+L))]$$

$$R(n) = \sum_{m=0}^{L-1} |r(n+m+L)|^2$$

其中 $r(n)$ 是接收符号序列,$L=16$ 是短前导序列的长度。前导序列检测需要通过:

$$M(n) = |P(n)|^2 / |R(n)|^2$$

为了降低运算量,避免除法,$M(n)$ 可被简化为

$$M_{\text{HW}}(n) = \begin{cases} 1 & |P(n)|^2 \geq \beta_{\text{Th}} |R(n)|^2 \\ 0 & \text{其他} \end{cases}, \quad \beta_{\text{Th}} \text{ 取值 } 0.5$$

为了最小化误检,只有连续检测到 16 个 1 才判为检测到短前导序列。

注:短扰码的频域表达式:{0,0,1+j,0,0,0,−1−j,0,0,0,1+j,0,0,0,−1−j,0,0,0,−1−j,0,0,0,1+j,0,0,0,0,0,0,0,−1−j,0,0,0,−1−j,0,0,0,1+j,0,0,0,1+j,0,0,0,1+j,0,0,0,1+j,0,0}

(3) DSRC 的净信道估计

当接收信号功率等于或大于最小接收灵敏度(−85 dBm for 10 MHz channel spacing)并且检测到前导序列,那么将在一个符号周期内通过 CCA 指示大于 90%的概率信道处于忙状态。

如果没有检测到前导序列,但是接收信号功率大于最小接收灵敏度 20 dB 以上,CCA 也将指示信道处于忙状态。

(4) DSRC 的定时估计

虽然 802.11p 是异步系统,但是只有知道 OFDM 符号的准确到达时间,才能正确解调,所以在接收端需要定时估计。定时估计分为粗定时估计和精确的定时估计。其中粗定时估计利用短前导序列,精确的定时估计利用长前导码来完成。

a. 粗定时估计

利用 IEEE 802.11p 中所定义的多个重复的短前导序列,我们可以采用自相关法[3]快速地获得粗时间同步。为了克服相关值中的"平台"现象并提高估计精度,需要计算两个自相关值序列。第一个相关值序列 $M_1(\theta)$ 是接收信号与其自身时延 1 个短前导序列符号 N_s,$N_s=16$。第二个相关值序列 $M_2(\theta)$ 是接收信号与其自身时延 2 个短前导序列符号 N_s。

$$M_1(\theta) = \frac{\sum_{m=0}^{N_s-1} r(\theta+m) \cdot r^*(\theta+m+N_s)}{\sum_{m=0}^{N_s-1} |r(\theta+m)|^2}$$

$$M_2(\theta) = \frac{\sum_{m=0}^{N_s-1} r(\theta+m) \cdot r^*(\theta+m+N_s)}{\sum_{m=0}^{N_s-1} |r(\theta+m)|^2}$$

计算 $M_1(\theta) - M_2(\theta)$ 就得到所示的结果,其峰值即为第 9 个短导频序列的开始时刻。

$$\hat{\theta} = \arg\max_{\theta}(M_1(\theta) - M_2(\theta))$$

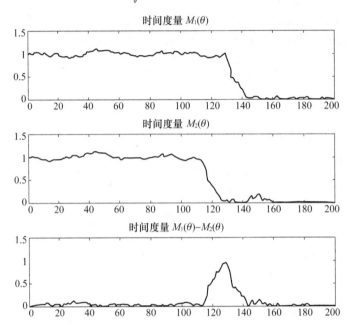

图 4-15 双自相关波形图

b. 精定时估计

完成精定时估计传统的办法是滑动相关法和匹配滤波法。用本地存储的长导频码 $T(k)$ 与经过频偏校准的接收序列 $r(n)$ 做相关:

$$MF(n) = \sum_{m=0}^{L-1} T^*(m) \cdot r(n+m), \quad L = 64$$

在每一个接收的长导码上会获得一个峰值,峰值处即为长前导码的起始时间。

相关法在有多径干扰的情况下,性能会受到一定的损失,参考文献[4]提出改进的方法,基本原理是利用 OFDM 信号可以消除多径干扰的特性。

从时域接收信号中截取一个完整的长前导序列,即长度为 64 的序列,为了避免多径干扰,截取序列的起始点为估计的短前导序列结束后数个(一般取 4)采样点。对该序列做 FFT 获得频域信号 $Y(k)$,用 $Y(k)/XLP(k)$(长导码的频域表示)得到频域信道响应 $H(k)$。对 $H(k)$ 做 IFFT 得到时域的信道响应 $h(i)$:

$$h(i) = \sum_{k=0}^{N-1} H(k) e^{\frac{j2\pi ki}{N}}, \quad i = 0,1,\cdots,N-1$$

可以设定一个门限值,通过信道响应与门限 Γ 值进行比较得到第一个径:

$$\hat{\theta}_v = \underset{i}{\operatorname{argmin}}\{h(i) > \Gamma\}$$

考虑到该门限值难以设定,根据多径窗(有效多径所占据的时间范围,其长度为 N_w)内能量最大的方式确定时延。

注:长导码的频域表达式:

{1,1,−1,−1,1,1,−1,1,−1,1,1,1,1,1,1,−1,−1,1,1,−1,1,−1,1,1,1,1,0,1,−1,−1,1,1,−1,1,−1,1,1,−1,−1,−1,−1,−1,1,1,−1,−1,1,−1,1,−1,1,1,1,1}

(5) DSRC 的频偏估计

802.11p 中当载波频率大于 3 GHz 时,频率容差是 +/−20×10⁻⁶,所以在中心频率是 5.8 GHz 时,由于晶振稳定度导致的最大频率偏差可能到 232 kHz。802.11p 的载波间隔是 156.25 kHz,每个短前导序列的长度是 1.6 μs,每个长前导序列的长度是 6.4 μs。

假定前导序列是由长度为 N_x 的基本码重复而成,其发送序列为 Plcp(i),接收序列为 $r(i)$,可以近似的认为

$$r(i) = a \cdot \text{Plcp}(i) \cdot \exp(j \cdot 2\pi \cdot f_d \cdot i \cdot T_s) + n(i)$$

其中 a 是信道复增益;f_d 是多普勒频移;$n(i)$ 是噪声;

$$\text{Plcp}(i) = \text{Plcp}(i + k \cdot N_x), \quad k\text{ 为整数}$$

从实现简单的角度,可直接采用时域信号来求频偏值。

$$r(i + k \cdot N_x) \cdot (r(i))^* = |a \cdot \text{Plcp}(i)|^2 \exp(j \cdot 2\pi \cdot f_d \cdot k \cdot N_x \cdot T_s) + n''$$
$$n'' = (n(i))^* \cdot r(i + k \cdot N_x) + (r(i) - n(i))^* \cdot n(i + k \cdot N_x)$$

可采用下面的方法进行频偏估计:

$$d(i) = r(i + k \cdot N_x) \cdot (r(i))^*$$

多个 $d(i)$ 求均值可降低噪声的影响,提高估计精度。

$$\hat{f}(i) = \text{angle}(\text{mean}(d(i)))/(k \cdot N_x \cdot T_s)$$
$$= f_d + \theta_\Delta/(k \cdot N_x \cdot T_s)$$

其中,$f_\Delta = \theta_\Delta/(k \cdot N_x \cdot T_s)$ 为频偏估计误差。

当 $k=1$ 时,对于短前导序列 $k \cdot N_s \cdot T_s = 1.6$ μs,当 $-\pi < \text{angle}(\text{mean}(d(i))) < \pi$ 时,可有效地估计出频偏,因此端前导序列可估计的有效频偏范围为 $(-156.25*2, 156.25*2)$ kHz。

对于长前导序列 $k \cdot N_l \cdot T_s = 6.4$ μs,当 $-\pi < \text{angle}(\text{mean}(d(i))) < \pi$ 时,可有效地估计出频偏,因此端前导序列可估计的有效频偏范围为 $(-156.25/2, 156.25/2)$ kHz。所以在 802.11p 中,可以先利用短前导序列进行粗略的频偏估计,估计范围为 $(-156.25*2, 156.25*2)$ kHz,估计的绝对误差量较大。粗频偏估计后,利用该频偏估计值对后续的数据进行相位补偿。最后利用长前导序列进行精细的频偏估计,估计范围为 $(-156.25/2, 156.25/2)$ kHz。

$$\hat{\theta}_e = \underset{i}{\operatorname{argmax}}\left\{\sum_{j=0}^{N_w-1} |h(i+j)|^2\right\}$$

当接收端有多天线时,频率同步和时间同步可做加权处理以获得分集增益。例如,接收端有双天线 A 和 B,$M(n)$ 变为

$$M(n) = \alpha_A M_A(n) + \alpha_B M_B(n)$$
$$\alpha_A = |R_A(n)|^2/(|R_A(n)|^2 + |R_B(n)|^2)$$
$$\alpha_B = |R_B(n)|^2/(|R_A(n)|^2 + |R_B(n)|^2)$$

式中，$M_A(n)$ 为天线 A 的 M 值，M 为频率或时间同步分量。

4.3.4 DSRC 的资源调度

802.11p 从 802.11e 那里借用了增强分布式信道接入(EDCA)机制，是分布式协调功能(DCF)的增强版本，用于支持无中心的直通传输模式。

由于 802.11p 是异步系统，不支持多用户频分，即同时只能有一个用户进行数据的发送，否则彼此形成干扰，信号无法被正确接收。802.11p 主要采用的是载波监听多址接入及冲突避免(CSMA/CA)机制，解决共享信道上多个节点同时发送时造成资源冲突的问题，并在 CSMA/CA 的基础上引入不同的接入类型，为不同业务类型提供不同的访问优先级。不同的优先级由不同的 EDCA 参数加以区分，EDCA 参数包括仲裁帧间间隔（Arbitration Interframe Space，AIFS）和竞争窗口（Contention Window，CW）。

(1) CSMA/CA

CSMA/CA 不仅能用于通信，还可用于会议发言的时机选择。在会议中，当所有人不管其他人是否发言，直接讲自己的，那么结果必然是会议室内一片嘈杂。通常我们采用这样一个策略：先等待一段时间，如果没有人发言，就开始发言；如果有人发言，就等待对方发言结束后，再等待一段时间开始发言。等待时间的长短与发言的紧急程度有关，等待时间越短，越可能优先发言。这个策略就是 CSMA/CA，如图 4-16 所示。

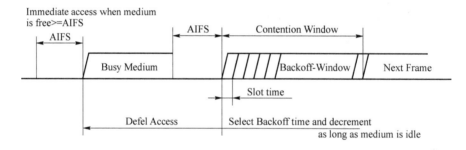

图 4-16 CSMA/CA

在 802.11p 通信中，当节点要发送数据时，首先通过侦听信道以确定是否有其他节点正在发送数据(CSMA)。如果信道是空闲的并持续 AIFS 时间，该节点就开始发送。如果信道忙，该节点将持续侦听直到信道空闲一个 AIFS 时间，然后产生一个随机的退避时间(CA)，并保存在退避时间计数器中。对随后的每个时隙，如果信道为空闲状态，则退避时间计数器将减 1，直到退避时间计数器减到 0 时，该节点开始发送数据。在退避过程中，如果在某个时隙中信道上有其他节点发送，退避时间计数器将被冻结，退避过程暂时中断，直到信道重新变为空闲状态并持续 AIFS 时间后再次被激活。

CSMA/CA 在不同条件下需要等待的时间不同：

① 空闲状态下，需要等待的时间为 AIFS；

② 忙转闲状态下，需要等待的时间为 AIFS+随机的退避时间。

因为同时检测到空闲状态的概率较低，所以等待固定时间的碰撞概率也比较低；通常信号的发送要持续一段时间，这样多个终端会同时检测到忙转闲状态，因此需要随机的退避时间，以降低碰撞概率。

（2）仲裁帧间间隔 AIFS/竞争窗口 CW

802.11 协议中，节点完成数据发送后，需要等待一个帧间间隔再传送后面的数据，帧间间隔的长短由所发送数据的类型决定，高优先级数据的帧间间隔较短，低优先级数据的帧间间隔较长，这样从一定程度上减少了资源冲突，但也带来了公平性的问题。

802.11p 协议使用 AIFS，将不同的数据分为 4 种接入类型，每个类型对应一个队列，每个队列拥有相应的竞争窗口 CWmin/CWmax 和 AIFS。协议中规定的不同接入类型对应的竞争窗口 CW 和 AIFS 如表 4-2 所示，第 i 类接入类型的 AIFS 的取值规则为 AIFS$[i]$ = SIFS + a slot time * AIFSN$[i]$，其中，AIFSN$[i]$ 是第 i 类接入类型的 AIFS 中包含的时隙个数，同时，802.11p 中 a slot time 为 13 μs，短帧间间隔 SIFS 为 32 μs。

表 4-2 不同接入类型对应的竞争窗口 CW 和 AIFS

接入类型	接入类型说明	CWmin	CWmax	AIFSN
AC_BK	背景流	a CWmin	a CWmax	9
AC_BE	尽力而为	a CWmin	a CWmax	6
AC_VI	视频	(a CWmin+1)/2−1	a CWmin	3
AC_VO	声音	(a CWmin+1)/4−1	(a CWmin+1)/2−1	2

4.3.5 DSRC 的拥塞控制

随着人民生活水平的提升，私家车的保有量越来越大，在上下班时段非常容易形成交通拥堵，交通拥堵还会导致通信的拥塞，如果不能有效解决此问题，通信质量无法得到保障（见图 4-17）。

图 4-17 交通拥堵

如前所述，在 CSMA/CA 机制中，车载终端需要在信道空闲后，等待一段时间才能发送信号。在接入车载终端数较少、信道忙碌比率（Channel Busy Rate，CBR）较低时，信号可以被快速地发送出去。但是当车载终端增加过多时，会出现下面 3 个问题：

① 忙转闲状态下，需要发送的信号的车载终端过多时，虽然有 CA 机制，但是碰撞概率还是会急剧增加，数据包到达成功率（PDR）无法满足要求；

② 信道忙碌比率过高时，终端难以及时找到空闲资源去发送信号，时延急剧增加；

③ 在车载终端较多时，部分终端获得了相对较多的发送机会，而部分终端的发送机会相对变少，公平性难以保证。

如果以一定通信距离内车载终端在单位时间内有效的接收数据量（吞吐量）作为衡量指标的话，随着接入车载终端数的增加，总吞吐量不是单调增加，而是有个拐点，从通信效率的角度看，系统信道忙碌比率应该保持在拐点所对应的 CBR 值 Ca 之内，以保证最佳的系统效率（见图 4-18）。

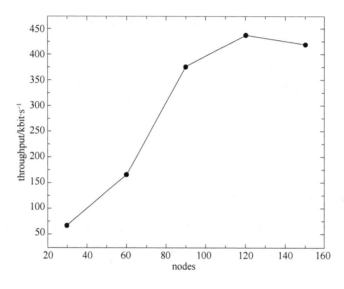

图 4-18　接入终端数与吞吐量曲线

此外，在车联网的主动安全业务中，时延要求需要低于 100 ms，分组接收率（Packet Reception Ratio，PRR）要求大于 90%，当上述两个关键指标无法得到满足时，意味着系统进入了拥塞状态，此时的 CBR 值为 Cb。

单位时间内，信道处于忙状态的时长均值定义为 CBR，拥塞控制的目标就是控制系统的 CBR 值 $Ct \leqslant \min(Ca, Cb)$。可以通过两个手段来控制 CBR 指标。

发送功率：信道处于忙状态的判定与功率相关，见 4.3.3 小节中 DSRC 的 CCA 部分。

发送速率：在接入车载终端一定的情况下，终端发送速率越高，系统 CBR 越大。

在拥塞控制中还需要考虑公平性，让车载终端有相同的机会发送信号，从而使得每个终端的通信时延和 PDR 得到保证。

拥塞控制的基本策略为：每个终端都基于 Cc-Ct 确定信号的最大发送功率和发送速率，其中 Cc 为系统的当前 CBR 值。

4.3.6　DSRC 的通信安全

DSRC 使用应用层安全机制来保证 V2X 通信的安全，针对 V2X 应用层安全设计了一套管理系统，该系统全名为 Security Credential Management System（SCM），包含了证书颁发、证书撤销、终端安全信息收集、数据管理、异常分析等一系列与安全相关的功能,以此确保 V2X 的安全通信,其主要结构如图 4-19 所示。

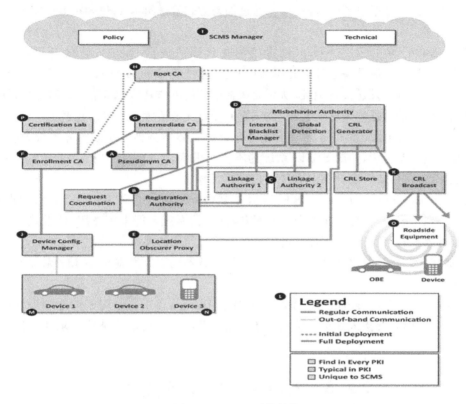

图 4-19　SCMS 系统结构

该系统中每个模块均通过网络交换有效信息、协同工作、共同对外提供安全服务。其具体分工如下。

① RootCA(根 CA、RCA):是所有 CA 的管理者,也是可信系统的中心,以分层的方式颁发下级 CA 证书,根 CA 的操作与运行均要求在隔离的安全环境下并且确定其服务器为离线状态,以防止遭遇来自互联网的攻击。

② EnrollmentCA(登记 CA、ECA):该 CA 为终端设备颁发准入证书,只有被颁发准入证书的终端设备才可以接入到系统中,并且通过网络申请 SCMS 系统的其他服务。

③ PseudoymCA(匿名 CA、PCA):该 CA 用于颁发设备的短时匿名证书,设备之间通过匿名证书实现可信信息的交互,同时在 MA 发现异常时,该 CA 与 LA、RA、MA 协同搜集失效设备确认信息,颁发证书吊销列表(CRL)。

④ Registration Authority(注册认证服务器、RA):该服务器用于验证准入证书,确定准入证书有效的请求将被执行,主要用于处理设备匿名证书请求、提供设备匿名证书下载、证书请求的密钥扩展计算、与 LA 通信获取 LA 信息并向 PCA 请求匿名证书等相关功能。该注册认证服务器在与终端通讯的过程中采用密文方式,以防止其他服务器和第三方截取通信信息。

⑤ Intermediate CA(中级 CA、ICA):该 CA 为根 CA 的功能替代者,用于替代根 CA 来执行根 CA 的相关功能,避免根 CA 暴露在网络中。

⑥ Linkage Authority（链接值服务器，LA）：该服务器用于生成链接值，为了满足匿名的需求，存在两个服务器，每个 LA 将包含不完整的用户链接值信息，其组合值确定具体的匿名证书。在匿名证书申请时，链接值将通过加密方式发送给 RA，包含在 RA 发送给 PCA 的匿名证书请求中。

⑦ Location Obscurer Proxy（位置模糊化代理服务器，LOP）：该代理服务器对与 SCMS 系统链接的终端设备进行位置模糊化处理，通过 LOP 链接的 SCMS 系统将无法区分每个服务请求的具体发送设备地址，从而无法将服务请求与具体设备进行关联监视，同时由于通过该服务器的数据均为密文数据，故该服务器也无法监听其通过的数据。

⑧ Misbehavior Authority（异常分析系统，MA）：该服务器用于收集异常行为报告，分析安全相关的异常行为，判断 SCMS 系统的不安全因素，并颁发证书吊销列表来撤销不安全设备及 CA 证书，来保证 SCMS 系统的良好运行环境。

⑨ Request Coordination（请求同步服务器，RC）：该服务器用于处理请求同步，当 SCMS 系统在扩展后，只有存在多个 RA 服务器时，该系统才能发挥作用，该系统将同步多个 RA 服务器信息，以防止出现证书请求及证书重复颁发的现象。

⑩ SCMS Manager（SCMS 管理服务器）：该服务器用于颁发整个 SCMS 系统的运行策略等相关信息。

⑪ Device Config Manager（设备配置管理器，DCM）：该工作站用于向终端设备提供一个最初的可信环境，要接入安全系统的设备初始化及准入证书的申请均要求通过该工作站操作实现。

4.4 LTE-V2X 关键技术

LTE-V2X 是以 LTE 蜂窝网络为 V2X 基础的车联网专有协议。2015 年初，国际标准化组织 3GPP 正式启动 LTE-V2X 的标准化工作，我国大唐电信等企业作为主要报告人积极参与其中。2017 年 3 月，3GPP 完成 Release14 LTE-V2X 核心标准制定。在工业和信息化部、交通部等主管部门的积极指导和相关研究机构、企业和行业组织的紧密配合下，我国于 2017 年底完成 LTE-V2X 标准体系建设、标准规范制定等工作，包括制定完成《基于 LTE 的车联网无线通信技术 总体技术要求》《基于 LTE 的车联网无线通信技术 空中接口技术要求》《基于 LTE 的车联网无线通信技术安全总体技术要求》等中国通信标准化协会行业标准，以及《合作式智能交通运输系统 专用短程通信 网络层与应用层技术要求》等国家标准。

4.4.1 LTE-V2X 的通信模式

LTE-V2X 分为两种工作方式，一种是终端之间直通传输通信方式，其中终端之间的空中接口称为 PC5 接口；另一种是终端与基站之间的上/下行链路通信方式，其中终端和基站之间的空中接口称为 Uu 接口。基于 Uu 接口的 LTE-V2X 主要是在 LTE 的上下行传输上做了一些增强，如下行缩短 MBMS 的周期以降低延迟，上行引入多个 SPS 进程等。

LTE-V2X 有效地将蜂窝与直通模式结合起来，其中直通链路通信方式不仅可以在蜂窝覆盖外工作，在蜂窝覆盖内，基站可获得多个车载终端的位置、干扰等信息，进行更有效的资源调度，可有效解决隐藏节点问题。此外，Uu 转发模式还是直通模式的有效补充。

覆盖内,当拥塞发生时,还可采用 Uu 转发模式对车载终端安全业务进行分流,能有效缓解或消除拥塞(见图 4-20)。

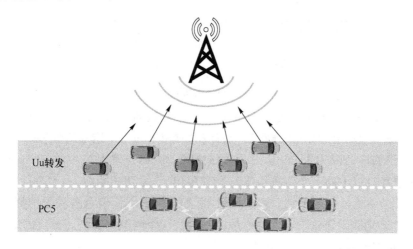

图 4-20　Uu 转发缓解拥塞

高频信号很难穿透高楼等建筑物,所以在十字路口,直通模式的传输距离急剧缩短,难以满足通信需求,Uu 转发模式可有效解决该问题,确保行车安全(见图 4-21)。

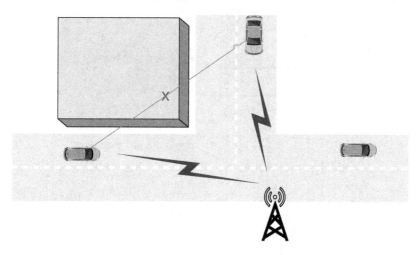

图 4-21　Uu 可有效解决直通模式受限问题

基于 PC5 接口的 LTE-V2X 是 3GPP 专门为车辆通信设计的,本章将重点介绍基于 PC5 接口的 LTE-V2X 关键技术。

4.4.2　LTE-V2X 的帧结构

基于 PC5 接口的直通链路的发送由长度为 T_f 的无线帧组成,每个无线帧包含 20 个长度为 T_{slot} 的时隙。一个直通链路子帧包含两个连续的时隙,并从偶数时隙起始。其中 $T_f=307\,200T_s=10$ ms, $T_{slot}=15\,360T_s=0.5$ ms, $T_s=1/30\,720\,000$。直通链路无线帧结构如图 4-22 所示。

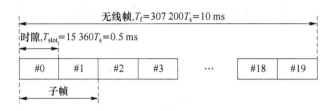

图 4-22 基于 PC5 的 LTE-V 帧结构

继承于 LTE,一个子帧长度为 1 ms,一个子帧包含两个时隙,一个时隙包含 7 个 SC-FDMA 符号。频域上的 12 个连续的子载波和时域上的 7 个连续的 SC-FDMA 符号构成一个资源块,子载波间隔为 15 kHz,对应频域中的 180 kHz 和时域中的一个时隙。频域上的一个子载波和时域上的一个符号构成一个资源单元,采用索引 (k,l) 对进行唯一指示,其中 $k=0,\cdots,12\times N_{RB}^{SL}-1$,表示该资源单元在频域的序号,$N_{RB}^{SL}$ 表示频域上的资源块儿的个数,$l=0,\cdots,6$ 分别表示该资源单元在时域的序号。一个时隙内物理资源块的编号 n_{PRB} 和资源元素 (k,l) 的关系为 $n_{PRB}=\lfloor k/N_{SC}^{RB} \rfloor$。

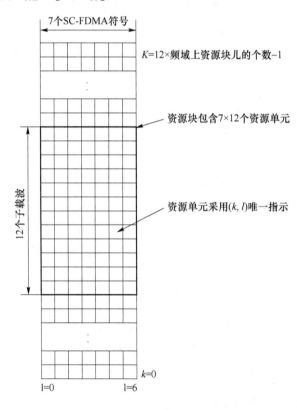

图 4-23 直通链路资源格

车联网业务对时延比较敏感,为了实现快速的信号发送与接收,对子帧结构做了增强。子帧的第一个符号在接收端可用于 AGC 调整,子帧的最后一个符号用作 GP,GP 采用 puncture 的方法进行 RE 的映射,该结构可实现子帧级的收发转换。

4.4.3 LTE-V2X 的物理信道

为支持基于 LTE 的 V2X 直通链路发送，PC5 接口应支持直通链路共享信道(SL-SCH)等传输信道、直通链路广播信道(SL-BCH)和直通链路控制信息(SCI)。直通链路传输信道与物理信道的映射如表 4-3 所示。

表 4-3 传输信道与物理信道的映射

传输信道	物理信道
SL-SCH	PSSCH
SL-BCH	PSBCH

控制信息与物理信道的映射如表 4-4 所示。

表 4-4 控制信息与物理信道的映射

控制信息	物理信道
SCI	PSCCH

物理信道发送使用的天线端口和调制方式如表 4-5 所示。

表 4-5 不同物理信道使用的天线端口和调制方式

物理信道	天线端口	调制方式
PSSCH	1000	QPSK,16QAM
PSCCH	1000	QPSK
PSBCH	1010	QPSK

各物理信道的作用如下：

(1) 直通链路物理共享信道，PSSCH，用于承载业务数据；

(2) 直通链路物理控制信道，PSCCH，用于承载 PSSCH 解调所需的控制信息；

(3) 直通链路物理广播信道，PSBCH，用于同步控制及调整。

由于车联网较高的相对移动速度，载波频率高达 6 GHz，多普勒扩展较大，所以接收信号的相关时间变短，信道的导频时域间隔需要缩短。PSCCH 信道和 PSSCH 信道所采用的子帧中，导频符号增加为 4 个。从时域上看，在一个子帧中，有 14 个 SC-FDMA 符号，从左到右编号为 0,1,…,13,4 个导频符号的编号分别为 2,5,8,11,具体如图 4-24 所示。

图 4-24 PC5 V2X 的 PSCCH 信道及 PSSCH 信道的子帧结构

物理共享信道 PSSCH 采用控制信息 SCI 中的 CRC 比特产生解调参考信息 (Demodulation Reference Signal, DMRS)。PSCCH 的 4 列导频符号都有相同的循环移位，移位参数在 0,3,6,9 中随机选择。接收用户将本地基本序列与接收序列进行相关，确定最大径位置所在的窗口，进而确定导频序列所选择的循环移位。

对于 PSBCH 信道,增加 2 对主副链路导频信号(Primary Sidelink Synchronization Signal,PSSS)及次副链路导频信号(Secordary Sidelink Synchronization Signal,SSSS)用于同步检测,其余的 9 个符号中有 3 个符号用作导频。从时域上看,在一个子帧中,有 14 个 SC-FDMA 符号,从左到右编号为 0,1,…,13,则 PSBCH 信道的 3 个导频符号的编号分别为 4,6,9,具体如图 4-25 所示。

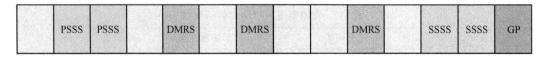

图 4-25　PC5 V2X 的 PSBCH 信道的子帧结构

4.4.4　LTE-V2X 的物理层关键过程

LTE-V2X 物理层的关键技术主要包括自动增益控制 AGC、同步信号检测/定时估计、频偏估计。

(1) LTE-V2X 的 AGC

在车辆短距通信系统的工作环境中,接收端在相邻子帧中可能收到不同终端所发送的传输距离差异很大的信号。由于近距路损小、远距路损大的因素导致接收信号强度在不同接收子帧之间波动极大,所以不能像 LTE 系统,基于上一子帧测量的信号功率来调整下一子帧的接收增益。

高速时,V2X 通信距离可能大于 300 m,而最近的通信距离可能会到 2 m,除考虑不同距离的路损差外,还需要考虑阴影衰落、瑞利衰落的抖动,以及一些余量,那么 AGC 需要支持的增益调整范围需要达到 80 dB 以上。

在 LTE-V 协议中,并没有像 802.11P 系统设计专用的导频用于 AGC。在实现中,使用每一子帧的第一个符号来估计本子帧的接收信号功率,进而实现本子帧的接收增益调整。在 AGC 完成前,接收信号可能因为接收增益过大而发生饱和,或是接收增益过小而导致量化误差过大,所以在 LTE-V 系统中需要实现快速 AGC 调整,否则会影响后续信号的接收。

快速 AGC 的基本实现过程如下。

① 联合双通道计算信号在天线连接口处的接收功率为 $P_{rec}^{(a)}$,$P_{rec}^{(a)}$ 是通道 a 的接收功率计算值。

② 基于设定的目标值及信号接收功率计算每个接收通道的调整增益。

$$P_{dif}^{(a)} = P_{tar} - P_{rec}^{(a)}$$

其中 P_{tar} 是目标接收功率。

③ 基于调整增益重新设定每个通信的信号增益。

通道 a 的接收增益调整为

$$P_{dif}^{(a)} + P_{pre}^{(a)}$$

其中,$P_{pre}^{(a)}$ 是通道 a 的预设增益。

(2) LTE-V2X 的同步信号检测与定时估计

如图 4-25 所示,在 LTE-V2X 系统中,采用了重复的 PSSS 和 SSSS 设计,这样可以采用前一符号与后一符号相关的方法来初步锁定 PSSS 或 SSSS 的位置,相关计算的滑动步长是一个符号。

$$R(S) = \sum_{m=0}^{N_s-1} e(SN_s + m) \cdot e^*(SN_s + m + N_s) \Big/ \sum_{m=0}^{N_s-1} e(S+m)^2$$

其中 $e(m)$ 是接收的第 m 个基带采样数据，N_s 是符号长度。当 $R(S)$ 大于门限值时表明符号 S 与 $S+1$ 内可能包含一个完整的 PSSS 或 SSSS，对 PSSS 及 SSSS 做滑动相关，基于最大相关值可实现 PSSS 或 SSSS 的检测，基于最大相关值的位置可实现接收信号的定时估计。

(3) LTE-V2X 的频偏估计

LTE-V 的工作频点可达 5.9 GHz，当车辆间的相对移动速度达到 240 km/h 时，需要应对的多普勒频移远大于当前 LTE 系统的 2.6 GHz 频段和 120 km/h 移动速度，将引起更严重的性能衰减。虽然 LTE-V 系统将导频在时域上做了加密，但是受限于信令开销不能过高，所以只能一定程度上进行增加。

载频为 5.9 GHz，相对移动速度达到 240 km/h 时，最大多普勒频移为 1.3 kHz。终端的发送频率通常与标称频率有一定的偏差，基于 3GPP 的假设，这个量是 $\pm 0.1 \times 10^{-6}$，对应的最大相对频率偏移是 1 180 Hz。从接收端来看，最大的频率偏移可以到 2.49 kHz，对应的相干时间为 0.2 ms。

在 LTE 系统中通常采用频域频偏估计法，该估计算法的基本原理如下。

① 将接收信号变换到频域。

② 获得接收信号的频域信道估计 h_r,r=0,1,2,3。

③ 用 h_(r+det) * conj(h_r) 相位除以两列导频的时间间隔就可以计算出频率偏移。

该方法虽然简单，但在 LTE-V 协议中，导频的时间间隔是 0.214 ms，采用直接频偏估计法理论上可以估计的最大频率偏移是 2.3 kHz，实际频率偏移已经超出了该范围，所以不能使用该方法。

采用变换域频偏估计法可估计 15 kHz 的频率偏移，其基本原理如下。

① 估计接收信号的到达时间，并计算与本地基准接收时间的时间差。

② 将接收的频域导频序列变换到时域。

③ 将本地存储的时域导频序列进行圆周旋转，旋转量等于步骤①计算的时间差，得到序列在时间上与步骤②输出的时域是对齐的。

④ 将步骤③得到的序列与本地存储的时域导频序列对应位共轭相乘，得到了反映信道相位变化的序列 v_k,k=0,1,…,2X−1。

⑤ 用 v_(k+X) * conj(v_k) 相位除以半符号时间长度，可以计算出频率偏移。

在变换域频偏估计算法中，用于计算相位差的数据时间间隔是半符号长度（0.5 * T_{ofdm}），频偏估计值 festamate=Δphase/(2 * pi * 0.5 * T_{ofdm})，当计算的相位差 Δphase 的绝对值小于 pi 时，可准确估计出频偏值。其中，$1/T_{ofdm}=15$ kHz，所以该算法可估计绝对值小于 15 kHz 的频偏。

4.4.5 LTE-V2X 的同步过程

LTE-V2X 支持多用户频分并发，可有效提高系统容量和信号传输的可靠性，而支持这一特性的前提条件就是终端间的同步(见图4-26)。

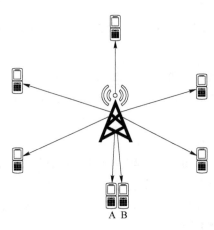

图4-26 以基站为中心的同步

在LTE系统中,基站是蜂窝的时钟源,所有终端都需要检测基站所发信号的到达时钟,并以该时钟作为自己的接收时钟,并且此时位置相近终端的接收时钟基本相同。

在图4-26中,终端A和B位置接近,到达基站的距离分别为La和Lb,基站T0时刻发送信号,那么到达终端A和B的时间分别为T0+La/C和T0+Lb/C,终端A和B的接收时钟差为(La-Lb)/C,由于终端A和B的距离比较小,比如ym,那么两者的最大时间差为$y*3$ns,LTE-V2X SC-OFDM符号的CP大于4 788 ns。如果终端A和B以基站信号接收时钟作为其发送时钟发送SC-OFDM信号,则可以确保所收信号的时间差在CP之内,因此,终端只要能够选择出恰当的时钟源,就可以建立满足LTE-V2X通信的同步系统。

通过设立同步优先级,低优先级终端以高优先级终端为时钟源,是一种较为有效的时钟源选择方法。

LTE-V2X系统中,同步优先级分为以下两种情况:基于GNSS的同步优先级和基于eNodeB的同步优先级。

(1) 基于GNSS的同步优先级

当配置信息或预配置信息指示基于GNSS的同步比基于eNodeB的同步优先级更高时,采用以下的同步优先级设计:

总共有四级同步优先级:GNSS为最高优先级,直接与GNSS或与eNodeB同步的节点为第二优先级,间接与GNSS或与eNodeB同步的节点为第三优先级,其他剩余的节点为最低优先级。基于GNSS同步的同步优先级从高到低的排序如表4-6所示:

表4-6 基于GNSS的同步优先级

优先级	节点
最高优先级	GNSS
第二优先级	直接与GNSS或与eNB同步的节点
第三优先级	间接与GNSS或与eNB同步的节点
最低优先级	其他剩余节点

基于 GNSS 的同步优先级示例如图 4-27 所示。

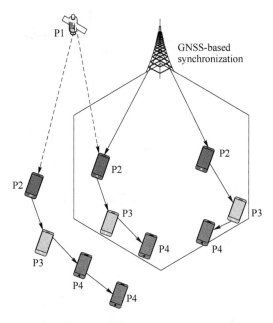

图 4-27 基于 GNSS 的同步优先级示例图

（2）基于 eNB 的同步优先级（见表 4-7）

表 4-7 基于 eNB 的同步优先级

优先级	节点
最高优先级	直接与 eNB 同步的节点
第二优先级	间接与 eNB 同步的节点
第三优先级	GNSS
第四优先级	直接与 GNSS 同步的节点
第五优先级	间接与 GNSS 同步的节点
最低优先级	其他剩余节点

当 UE 被配置基于 eNB 的同步高于基于 GNSS 的同步，采用以下的同步优先级设计：

同步优先级共分为六级：直接与 eNB 同步的节点为最高优先级，间接与 eNB 同步的节点为第二优先级，GNSS 为第三优先级，直接与 GNSS 同步的节点为第四优先级，间接与 GNSS 同步的节点为第五优先级，其他剩余的节点为最低优先级。

基于 eNB 同步的同步优先级示例图如图 4-28 所示。

（3）同步周期与同步子帧

LTE-V2X 中，同步周期定为 160 ms。在一个同步周期内，同步子帧有以下两种配置：在网络覆盖内，最多 2 个同步子帧。在网络覆盖外，可预配置 0 个、2 个或 3 个同步子帧。当网络覆盖外的 UE 都和 GNSS 同步时，可以不需要配置任何同步子帧，节点都和 GNSS 同步。考虑到覆盖内外的同步控制内容可能不同，可以配置 3 个同步子帧，其中同步子帧 3 专用于覆盖外直接获得 GNSS 的节点发送同步信息。

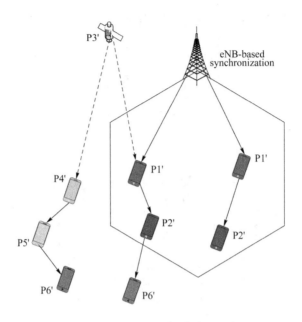

图 4-28 基于 eNB 的同步优先级示例图

对 UE 的同步配置主要从 UE 是否在蜂窝网络覆盖内，以及 V2X Sidelink 副载波是否与蜂窝共载波两个方面进行区分，具体如表 4-8 所示。

表 4-8 UE 的同步配置

网络覆盖状态	载波配置	同步配置
网络覆盖内	共载波	由 UE 的服务小区的 eNB 指示 UE 基于 GNSS 同步还是基于 eNB 同步，UE 根据从服务小区收到的同步配置进行同步；
	不共载波	UE 在 V2X sidelink 通信的载波上未检测到服务小区，但是可以收到跨载波的 V2X sidelink 同步配置，UE 根据跨载波的同步配置进行同步；
网络覆盖外	共载波	UE 没有服务小区，或者 UE 驻留到服务小区但未收到 eNB 的同步配置，则 UE 根据预配置信息进行同步；
	不共载波	UE 在 V2X sidelink 通信的载波上未检测到服务小区，也无法收到跨载波的 V2X sidelink 同步配置，则 UE 根据预配置信息进行同步。

4.4.6 LTE-V2X 的资源调度

LTE-V2X 系统支持时分和频分多址接入，资源调度的目标是为不同终端所承载的业务合适的时频资源，避免资源碰撞，从而达到较优的系统效率。LTE-V 系统支持 2 维的资源分配，所以其资源池配置和调度方法相对 1 维的 DSRC 较为复杂。

(1) 资源池的频域设计

资源池的频域配置分为邻带和非邻带两种方式，具体采用哪种方式是采用参数 Adjacency of PSCCH and PSSCH RBs 进行指示。

a. 邻带方式

对于邻带方式,资源池在频域上划分为若干个子信道,每个子信道上最低的 2 个 PRB 可用于调度分配(Schedule Assignment,SA)传输。如果一个信息(DATA)资源,需要占用多个子信道,那么在这些子信道中,最低的子信道的最低的 2 个 PRB 用于 SA 传输,其他子信道上的 SA 的传输资源用于 DATA 的传输。在邻带方式下,DATA 用于传输的 PRB 个数需要满足"因子只能是 2、3、5"的要求。在邻带方式下,资源池配置的参数如表 4-9 所示。

表 4-9 邻带方式下资源池的配置参数

参数	含义	取值
Subchannel size	子信道的大小	{5,6,10,15,20,25,50,75,100}
Number of subchannels	子信道的个数	{1,3,5,8,10,15,20}
Starting RB of subchannels	子信道起始的 RB 索引	0 到 99 之间的整数

邻带方式的资源池配置示意图如图 4-29 所示。

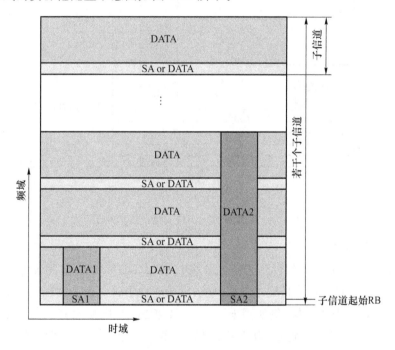

图 4-29 邻带方式下资源池配置示意图

b. 非邻带方式

采用非邻带传输的方式中,SA 的资源与子信道有着一一对应的关系,相应的 SA 信道的个数与子信道的个数是相同的。如果一个 Data 需要占用多个子信道,那么采用的是与最低子信道关联的 SA 信道的资源。在非邻带的传输方式下,子信道的配置本身就已经可以保证 DATA 的 PRB 个数满足"因子只能是 2、3、5"的要求。在非邻带方式下,资源池配置的参数如表 4-10 所示。

表 4-10　非邻带方式下资源池的配置参数

参数	含义	取值
Subchannel size	子信道的大小	{4,5,6,8,9,10,12,15,16,18,20,30,48,72,96}
Number of Subchannels	子信道的个数	{1,3,5,8,10,15,20}
Starting RB of Subchannels	子信道起始的 RB 索引	0 到 99 之间的整数
Starting RB of PSCCH pool	PSCCH 资源的起始 RB 索引	0 到 99 之间的整数

邻带方式的资源池配置示意图如图 4-30 所示。

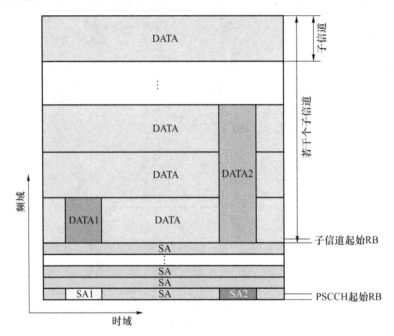

图 4-30　非邻带方式下资源池配置示意图

（2）资源池的时域设计

不同于 DSRC 整个信道都可用于直通业务传输，LTE-V2X 的情况较为复杂。从时域上看，高层配置的资源池并不是针对物理子帧，而是逻辑子帧。因为物理子帧中有一些子帧不能用于 LTE V2X 业务传输，例如同步子帧，以及当 PC5 和 Uu 共享 LTE TDD 载波时所有的下行子帧和特殊子帧。此外，为了便于处理资源池中用于业务发送的子帧，资源池配置需要用 bitmap 的方式对子帧进行指示，即在 SFN/DFN 周期（10 240 ms）中，排除同步子帧和当 PC5 和 Uu 共享 LTE TDD 载波时所有的下行子帧和特殊子帧后，将剩余的子帧按照升序排列，子帧的索引记为 $(l_0, l_{01}, \cdots, l_{(10\,240 - N_{slss} - N_{dssf} - 1)})$，其中 N_{slss} 为 10 240 个子帧中被配置为同步子帧的个数，N_{dssf} 为 10 240 个子帧中当直通链路发送发生在一个 TDD 蜂窝小区时的下行链路子帧和特殊子帧总数。为了保证在 SFN/DFN 周期中恰好指示整数个 bitmap，如果 SFN/DFN 周期中的剩余子帧不能被 bitmap 的长度整除，定义整除后剩下的 $N_{reserved}$ 个子帧为预留子帧，还需要进一步排除这些预留子帧。预留子帧的个数 $N_{reserved}$ 通过 $(10\,240 - N_{slss} - N_{dssf})$ 对 L_{bitmap} 取模获得，其中 L_{bitmap} 为高层配置的比特映射长度，协议中规定了 bitmap 的长度,见表 4-11。将预留子帧均匀分布到 SFN/DFN 周期中的剩余子帧中进行排除,得到的子帧称为逻辑子帧。

表 4-11 LTE-V2X 直通链路子帧 bitmap 长度

LTE 双工方式		bitmap 长度
FDD		16 或 20 或 100
TDD	配置 0	60
	配置 1	40
	配置 2	20
	配置 3	30
	配置 4	20
	配置 5	10
	配置 6	50

根据上述分析可知,逻辑子帧是 SFN/DFN 周期中的子帧排除以下子帧获得的:一是同步子帧,二是当 PC5 和 Uu 共享 LTE TDD 载波时所有的下行子帧和特殊子帧,三是预留子帧。资源池配置是针对逻辑子帧的,bitmap 是在逻辑子帧的基础上周期重复的,1 和 0 分别表示该逻辑子帧对该资源池可用或者不可用。

(3) 两种资源分配模式

根据网络对节点的控制方式,通过 PC5 接口进行节点间直接通信的资源分配,可以分为网络集中控制模式(Mode 3)以及分布式控制模式(Mode 4)。E-UTRAN 覆盖外的 UE 自动成为 Mode 4 UE,E-UTRAN 覆盖内的 UE 采取哪种模式进行通信,是根据收到的系统消息和配置信令决定的,具体如图 4-31 所示。

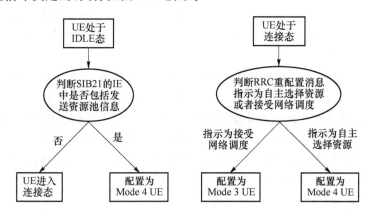

图 4-31 E-UTRAN 覆盖内 UE 的资源分配模式配置过程

(4) Mode 3 UE 的资源选择

如果 V2X 通信节点进入 Mode3,UE 可以通过 UE 辅助信息上报消息通知基站以下信息:包括经纬度的地理位置信息,业务发送的周期,业务包最大包的大小,业务优先级等信息。

重用 LTE 的 Buffer Status Reports(Side Link BSR)机制,RRC 连接态的 V2X 通信节

点可以根据本节点的业务情况向基站发出 Buffer Status Reports(Side Link BSR)消息来申请用于 PC5 口的专用 Side Link 资源。

eNodeB 收到 UE 的上报信息后,可以进行动态调度或者是半持续调度(Semi-Persistent Scheduling,SPS),最多支持 8 个 SPS 进程。每个 SPS 进程可以独立激活和释放。

eNodeB 收到 Side Link BSR 请求后,通知 V2X 通信节点 Side Link 传输控制信息和数据信息所需的资源。资源调度的优劣很大程度上取决于资源的配置者所掌握的信息,基站可以获得小区内所有终端的资源使用信息及位置等信息,所以较为容易做到资源碰撞避免。

(5) Mode 4 UE 的资源选择

a. 获取资源池

对于 Mode 4 UE 来说,需要自主进行资源选择,因此首先要明确 Mode 4 的资源池。资源池的具体获取方式见表 4-12。

表 4-12　Mode 4 UE 获取资源池的方式

与网络的关系	UE 状态	资源池获取方式
覆盖内	IDLE 态	RRC 重配置消息
	连接态	SIB21
覆盖外	——	预配置信息

b. 补充 zoning 机制

虽然在理论上,采用 SC-OFDM 多址技术进行频分的不同终端间无相互干扰,但是由于信号发送的非理想性导致信号功率泄露到未分配的子载波上,从而在频率上正交的终端间形成了干扰,且这种干扰功率的大小随着发送功率变大而变大,这种泄露称为带内辐射(in-band emission)。

在 V2X 通信中,通信距离有远有近,最大接收功率差会达到 80 dB 以上,带内辐射通常比信号功率小 25 dB 左右,大功率接收信号的带内辐射会对小功率接收信号导致严重的干扰,导致信号无法被接收。

一种降低带内辐射所产生干扰的思路是为地理位置相近的终端分配相同的资源池,地理位置相近的终端进行频分复用后,到达其他终端的通信距离也相对接近,达到功率也较为相近,从而避免了频分终端间的强干扰。此外,为地理位置相邻的终端分配不同的资源池,进一步降低了资源碰撞的概率。该基于地理位置配置资源池的方法称为 Zoning 机制。

Zone 的配置简单可以如图 4-32 所示,重复设置一个基本 Zone 区域。图中虚线框表示的就是一个 2×3 的基本 Zone 区域。

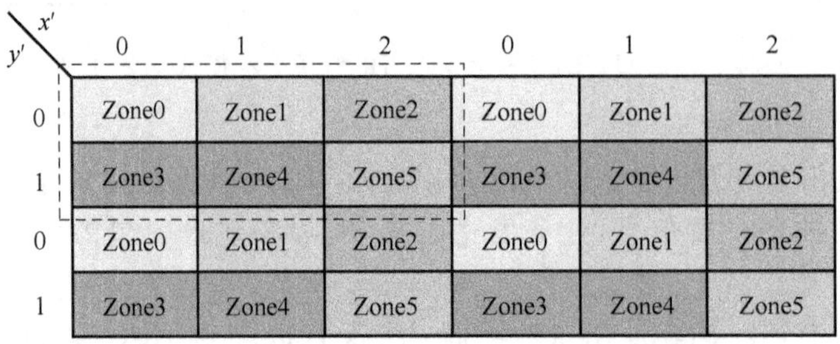

图 4-32　Zone 划分的示意图

zone ID 是根据如下公式获得

$$x' = \text{Floor}(x/L) \text{ Mod } N_x;$$
$$y' = \text{Floor}(y/W) \text{ Mod } N_y;$$
$$\text{Zone\_id} = y' * N_x + x',$$

其中 x 和 y 的值分别表示 UE 相对于经度和纬度(0,0)位置的坐标,单位是 m。L,W,N_x 和 N_y 是 zone 的配置参数,单位是米,在网络覆盖内的时候是系统配置的,在网络覆盖外的时候是预配置的,其含义定义如表 4-13 所示。

表 4-13 zone 的配置参数

参数	含义	取值
L	zone 的长度	5,10,20,50,100,200,500
W	zone 的宽度	5,10,20,50,100,200,500
N_x	长度方向 zone 的个数	1,2,3,4
N_y	宽度方向 zone 的个数	1,2,3,4

c. 资源选择原则

典型的 V2X 业务通常是周期发送的,相应的可为该类业务分配周期的时频资源。这样基于一段时间的感知后,就可以知道该业务未来的资源占用情况。LTE-V2X 系统利用这一特性建立了 Sensing +SPS(Semi-persistent Scheduling)的分布式资源调度机制。该机制的基本原理就是先通过感知获得未来资源占用信息,然后为新业务从空闲/未占用的资源中选择可用的 SPS 资源,从而达到资源碰撞避免的目的,提高系统效率。Sensing +SPS 在周期业务的调度中可以获得较高的效率,其基本原理如图 4-33 所示。

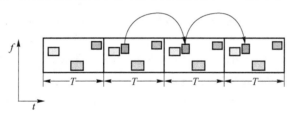

图 4-33 Sensing+SPS 原理图

在 LTE-V2X 系统中,Sensing +SPS 的具体实现描述如下:

对于周期性业务,采用预约的半静态资源分配方式,可提高资源利用率和通信可靠性,还可以减少指示资源位置的信令开销。从接收的角度看,在发送端,发送资源受到的干扰越小越好。根据这个原则,UE 应当尽量避免选择其他 UE 已经占用和预约的资源,也即被其他 UE 的 SA 所指示和预约的资源,但实际上占用这些资源的 UE 可能是距离较远的 UE,在成功解码 SA 的基础上,对于 SA 指示和预约的资源进行 RSRP 测量,如果高于给定的阈值,就直接排除;其次,在剩余的资源中,也要尽量选择受到干扰较小的资源,也即要测量剩余资源的 RSSI 并进行排除,只取其中测量值较低的一部分作为候选资源。

从 UE 的角度来讲,为了选择发送资源,它需要持续感知资源状态并维护资源的测量值,以便在选择发送资源的时刻,尽把受到干扰最小的资源作为候选资源,再从候选资源集合中等概率选择发送资源。一旦选择了发送资源,UE 会在自己的 SA 中指示自己的发送资源,并指示出自己的预约周期。另一个 UE 接收到这个 SA,就会知道不但 SA 中所指示的资源已经被占用,而且距离该资源一个预约周期的下一个资源也已经被预约了,这样它在选择资源的时候就可以避开,以免发生资源冲突。

UE 选定发送资源以后,会开始维护一个资源重选定时器,定时器的取值是在一个给定的范围内等概率随机选择的一个数值。UE 每发送一个业务包,定时器减 1,直到减到 0 为止。在定时器为 1 时,UE 在[0,1]之间等概率随机选择一个值,用于在定时器取 0 的时刻判断是否需要重选资源。如果 counter 为 1 时,UE 在[0,1]之间等概率随机选的值不大于资源保持的概率 p,应保持占用该资源,否则重选选择资源。定时器为 0 时重置定时器,定时器的取值与资源选择 UE 发送业务的周期相关,如表 4-14 所示。

表 4-14 定时器重置的条件和取值

业务周期	定时器取值
大于等于 100 ms	[5,15]之间均匀随机选择的整数
50 ms	[10,30]之间均匀随机选择的整数
20 ms	[25,75]之间均匀随机选择的整数

Mode 4 UE 资源重选的触发条件如表 4-15 所示。

表 4-15 Mode 4 UE 资源重选触发条件

序号	资源重选触发条件
1	资源重选定时器为 0 且在定时器为 0 时,选择的随机数大于资源保持概率 p,参数 p 的取值范围为[0,0.2,0.4,0.6,0.8]
2	在连续 1 s 内所有预留了资源的发送机会上均未进行业务传输或者重传
3	连续跳过 N 次预留了资源的发送机会,均未进行业务传输或者重传,N 为高层配置,取值范围为[1,2,3,4,5,6,7,8,9]
4	不能满足业务时延要求,且 MAC 实体选择不执行单个 MAC PDU 的发送
5	上层对资源池进行了配置或重配
6	当前需要发送数据包,但是没有发送资源
7	即使采用最大的 MCS,目前的发送资源也无法承载要发送的数据包,且不对数据包进行分段

d. 具体的选择步骤

考虑 SA 和 DATA 是同子帧的情况,对于二者为邻带发送和非邻带发送这两种结构,SA 资源和 DATA 资源都是一一映射的。即 SA 和 DATA 一样都是 SPS,选择资源的时候只需要对 DATA 做 sensing 选择,SA 资源根据选择的 DATA 资源做相应的映射。因此下面只介绍 DATA 资源的选择过程。

资源选择过程中主要涉及两个窗口:Sensing 窗口与选择窗口,这两个窗口之间的时间关系如图 4-34 所示。

在 1 000 ms 的 Sensing 窗口内,接收节点接收发送节点在各子帧发送的 SA 和 DATA。所有在 Sensing 窗内成功解码 SA 对应的 DATA 资源都应该考虑计入 Sensing 结果。对于资源选择窗口,$T_1 \leqslant 4, 20 \leqslant T_2 \leqslant 100$,$T_2$ 应满足业务包的时延要求。T_1 与 T_2 的取值取决于 UE 实现。

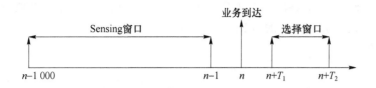

图 4-34 Sensing 窗口与选择窗口示意图

资源选择过程主要包括 4 个主要的步骤,如图 4-35 所示。

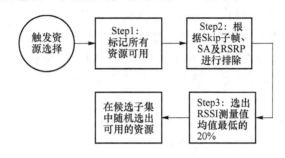

图 4-35 资源选择过程

a. 初始化

① 标记所有资源可用;

b. 对选择窗口内的资源进行资源排除;

① 排除 skip 子帧所对应的子帧上的资源;

② 排除解码成功的 SA 进行指示且 RSRP 值超过给定阈值的资源所对应的资源;

③ 如果当前剩余可选资源占所有可选资源的比例大于等于 20% 时,资源排除过程结束;否则,将 RSRP 测量阈值提高 3 dB,重新进行资源排除。

c. 确定候选资源集合

① 对选择窗口内所有未被排除的资源,计算其在 Sensing 窗口中对应资源的 RSSI 测量值的平均值;

② 选出其中 RSSI 测量值的平均值最低的 20% 的资源作为候选资源;

d. 在确定的候选资源集合中等概率选择发送资源。

① 传输次数为 2 时,从候选资源中随机选择 2 个发送资源,保证它们的间隔大于 0 且小于等于 15 个子帧;

② 传输次数为 1 时,只需要从候选资源中等概率选择 1 个发送资源。

e. 测量量

① 参考信号接收功率(PSSCH-RSRP)

PSSCH-RSRP 定义为在 PSCCH 所指示的 PRB 内,发送 PSSCH 解调参考信号的资源单元(RE)上功率(单位:瓦)的线性平均。PSSCH-RSRP 的参考点为 UE 的天线连接器。如果 UE 采用接收分集,则报告的测量值不应低于任一分集分支的 PSSCH-RSRP 测量值。

② 直通链路接收信号强度指示(S-RSSI)

S-RSSI 定义为 UE 在配置的子信道内在子帧的第一个时隙的 1,2,…,6 号 SC-FDMA 符号、在第二个时隙的 1,2,…,5 号 SC-FDMA 符号上,各符号上 UE 接收总功率(单位:瓦)

的线性平均值。S-RSSI 的参考点为 UE 的天线连接器。如果 UE 采用接收分集,则报告的测量值不应低于任一分集分支的 S-RSSI 测量值。

(6) 控制信息指示

① DCI

对于 mode3 资源分配模式,需要实现 eNB 对 mode3 UE 的动态调度和 SPS 调度,采用 DCI format 5A 进行指示。

DCI format 5A 需要支持跨载波调度,主要的场景是,eNB 通过蜂窝的载波(如 2.6 GHz)发送对 V2X 专用载波(如 5.9 GHz)的跨载波调度信令。跨载波调度需要指示 V2X 载波索引,索引值与具体的 PC5 V2X 载波的对应关系是提前通过 RRC 配置的。跨载波调度时,还需要指示调度载波上子帧与被调度载波子帧的时间偏移量。这个域仅在 TDD 上下行配置 0~6 的时候出现,是为了解决蜂窝下行子帧和特殊子帧不能调度 PC5 载波上全部子帧的问题。

DCI format 5A 中对于动态调度和 SPS 调度的区别是,后者需要额外指示具体 8 个 SPS 配置中的哪一种配置,以及 SPS 占用的资源是处于激活或者释放状态。DCI format 5A 中会同时指示 SA 和 DATA 的资源。相应的 DCI 的内容描述如表 4-16 所示。

表 4-16 DCI 内容

DCI 的域	比特数	取值	含义
载波索引	3	系统配置	用于指示 V2X 传输的载波的索引。索引值与具体的 PC5 V2X 载波的对应关系是提前通过 RRC 配置的
分配的最低的子信道编号	$\lceil \log_2(N^{SL}_{subchannel}) \rceil$	系统中子信道的编号	指示首次传输的最低的子信道的编号,与 SA 的资源一一对应,相当于指示了首次传输的 SA 的频域资源位置,隐含指示了首次传输的 DATA 的频域资源起始位置
频域资源位置	$\lceil \log_2(N^{SL}_{subchannel}(N^{SL}_{subchannel}+1)/2) \rceil$	比特串	本次传输之外的其他传输的频域资源位置和传输使用的子信道个数的联合编码
初传与重传之间的时间间隔	4	[0,15] 之间的整数	取值为 0 表示本 TB 没有重传。初重传之间的时间间隔限制在 15 ms 之内
SL 编号	2	0,1,2,3	指示调度载波上子帧与被调度载波子帧的时间偏移量
SL SPS 配置索引	3	0 到 7 共 8 个整数	只在 SPS 调度时出现。用来指示不同的 SPS 配置,最多可以指示 8 个不同的 SL SPS 配置
激活/释放指示	1	0,1	只在 SPS 调度时出现。用来指示 SPS 所占用的资源的状态是已经被激活,还是已经被释放

注:DCI format 5A 的比特长度需要与 DCI format 0 长度一致,如果小于 DCI format 0 长度,需要对剩余比特进行填 0 的处理。

② SCI

对于 mode 3 UE 和 mode 4 UE,SA 采用 SCI format 1 调度本 TB 内的所有传输,一个

TB内的传输次数为1次或者2次,每个SA指示同一TB内的所有数据传输(包括初重传)的时频域资源,也即,如果DATA只传输1次,则SA中只指示1次DATA传输的资源,如果DATA传输2次(初传1次,重传1次),则SA中指示2次DATA传输的资源。

SA与关联DATA同子帧且邻带发送,DATA资源的频域起始位置是确定的,不需要在SA中特别指示。在SA中资源相关的域如表4-17所示。

表4-17 SA中的内容

SA中的域	比特数	取值	含义
优先级	3	0到7之间的整数	指示PSSCH业务的优先级
资源预约	4	0到10之间的整数	取值为0表示不预约这个频域资源;取值为1到10表示UE的预约周期为该取值乘以100
初传与重传的频域资源位置	$\lceil \log_2(N_{subchannel}^{SL}(N_{subchannel}^{SL})/2) \rceil$	比特串	本次传输之外的其他传输的频域资源位置和传输使用的子信道个数的联合编码
初传与重传之间的时间间隔	4	[0,15]之间的整数	取值为0表示本TB没有重传。初重传之间的时间间隔限制在15 ms之内
MCS	5	0~28	调制编码等级
重传指示	1	0或1	0表示当前是初传,1表示当前是重传;如果是初传,则下面的初传与重传之间的时间间隔是向后的子帧数目;如果是重传,则下面的初传与重传之间的时间间隔是向前的子帧数目
保留比特	$15 - \lceil \log_2(N_{subchannel}^{SL}(N_{subchannel}^{SL})/2) \rceil$	0	将SA长度填充为32的空比特

4.4.7 LTE-V2X的拥塞控制

LTE-V2X也会出现当系统负荷过大,系统效率降低、PDR和公平性无法得到保证的现象,需要根据测量的拥塞情况进行拥塞控制,引入了拥塞控制相关的机制,合理调整发送参数,以便提高系统资源利用率,减少系统干扰,提高消息接收的可靠性。

(1) 测量量简介

a. 信道繁忙比例(Channel Busy Ratio,CBR)CBR

从接收的角度,定义了基于发送资源池的CBR测量(见表4-18),说明接收节点接收感知的每个发送资源池的资源占用情况。

从发送端角度,通过1 000 ms内,对传输资源池或扩展资源池的CR评估,可了解本节点发送资源占传输资源池或扩展资源池的比例,基于测量的CR判断是否超出配置的CR_limit,对发送参数进行调整。

表 4-18　CBR 定义

Definition	Channel busy ratio (CBR) measured in subframe n is defined as follows -For PSSCH, the portion of sub-channels in the resource pool whose S-RSSI measured by the UE exceed a (pre-)configured threshold sensed over subframes $[n\text{-}100, n\text{-}1]$ -For PSCCH, in a pool (pre)configured such that PSCCH may be transmitted with its corresponding PSSCH in non-adjacent resource blocks, the portion of the resources of the PSCCH pool whose S-RSSI measured by the UE exceed a (pre-)configured threshold sensed over subframes $[n\text{-}100, n\text{-}1]$, assuming that the PSCCH pool is composed of resources with a size of two consecutive PRB pairs in the frequency domain
Applicable for	RRC_IDLE intra-frequency RRC_IDLE inter-frequency RRC_CONNECTED intra-frequency RRC_CONNECTED inter-frequency

如果发送 UE 有 TB 在 $n+4$ 子帧需要发送，则需要在 n 子帧进行 CBR 测量，进行 CBR 测量的时间窗为 $[n-100, n-1]$，时长为固定的 100 ms。CBR 处理中，各子帧都是物理子帧。

对 PSSCH，可（预）配置 CBR 测量的 S-RSSI 门限，取值范围为 $[-112, -22]$dBm，粒度为 2 dB。根据（预）配置的子信道粒度的 S-RSSI 门限，测量 $[n-100, n-1]$ 时间窗内包括 PSSCH 的发送资源池的子信道的 S-RSSI，计算超过门限的子信道个数占 100 ms 内总的子信道个数的比例，该比例记为该发送资源池的 PSSCH 的 CBR 结果。

对 PSCCH 的 CBR 测量，分为以下两种情况。

- 对于 adjacent 的资源配置方式，因为 SA 和 DATA 在频域上紧邻，DATA 的拥塞情况可以直接反映 SA 的拥塞情况，所以没有必要对 SA 进行 CBR 测量。
- non-adjacent 资源配置方式，虽然 SA 和 DATA 定义需要一一对应，但有公司仍坚持可以进行 PSCCH 的 CBR 测量，其测量方式与 PSSCH 类似；也（预）配置 CBR 测量的 S-RSSI 门限，取值范围为 $[-112, -22]$dBm，粒度为 2 dB。根据（预）配置的子信道粒度的 S-RSSI 门限，测量 $[n-100, n-1]$ 时间窗内用于 PSCCH 传输的发送资源池的子信道的 S-RSSI，计算超过门限的子信道个数占 100 ms 内总的子信道个数的比例，该比例记为该 PSCCH 发送资源池的 CBR 结果。

RRC 连接状态为 IDLE 态和连接态的 UE 都需要进行 CBR 测量，但是只有处于连接态的 UE 才被配置上报 CBR 测量结果。网络可以配置 UE 需要上报 CBR 的资源池。

为了准确反映 CBR 的情况，定义了周期性上报和事件触发上报两种 CBR 上报方式。其中对于事件触发的 CBR 上报定义了两种新的上报事件，分别为测量事件 V1，负荷较重，信道忙比例超过门限；以及测量事件 V2，负荷变轻，信道忙比例低于门限。

b. 信道占用比率（Channel Occupancy Ratio，CR）CR

如果发送 UE 有 TB 在 $n+4$ 子帧需要发送，则需要在 n 子帧进行 CR 测量（见表 4-19）。进行 CBR 测量的时间窗为 $[n-a, n+b]$，时长为固定的 1 000 ms。时间窗分为 2 部分，其中 $[n-a, n-1]$ 对应统计本节点已经发送占用的子信道，$[n, n+b]$ 对应统计本节点将占用的子信道。a 是正整数，b 是 0 或正整数；a 和 b 由 UE 实现确定，而且 $a+b+1=1 000, a \geqslant$

500，$n+b$ 不能超过上次传输机会对本次发送的预约时间。然后计算本节点在这两个部分占用的子信道个数，占整个时间窗 $[n-a,n+b]$ 的子信道总数比例，将该比例记为该发送资源池的 CR 结果。

表 4-19 CR 定义

Definition	Channel occupancy ratio (CR) evaluated at subframe n is defined as the total number of sub-channels used for its transmissions in subframes $[n-a,n-1]$ and granted in subframes $[n,n+b]$ divided by the total number of configured sub-channels in the transmission pool over $[n-a,n+b]$
Applicable for	RRC_IDLE intra-frequency RRC_IDLE inter-frequency RRC_CONNECTED intra-frequency RRC_CONNECTED inter-frequency

- 发送参数调整

为了便于根据测量的 CBR，进行合理的发送参数调整；同时考虑减少拥塞控制处理的复杂度，高层定义了 pool specific 的根据 CBR range、近距离通信数据分组优先级（Prose Per-Packet Prioving，PPPP）PPPP 和 CR 的查找表（lookup table）（见表 4-20）。

表 4-20 CBR range、PPPP 和 CR 查找表

PPPP	1～2	3～5	6～8
CBR range	CR limit	CR limit	CR limit
0≤CBR measured≤0.3	No limit	No limit	No limit
0.3＜CBR measured≤0.65	No limit	0.03	0.02
0.65＜CBR measured≤0.85	0.02	0.008	0.004
0.85＜CBR measured≤1	0.02	0.004	0.002

CR 处理以 Per PPPP 的粒度进行测量，基于 per PPPP，测量的 CR 需要满足以下的关系：

$$\sum_{i\leqslant k}\mathrm{CR}_i \leqslant \mathrm{CRlim}it_k$$

其中，k 为当前业务包的 PPPP，i 为比当前业务包 PPPP 的 k 值优先级更高的 PPPP（i 取值比 k 更小）。

发送时，如何处理满足 CRlimit 限制，取决于 UE 实现。例如，为了满足 CRlimit 的限制，直接的可以在发送时进行丢包，减少传输次数，提高 MCS 等级、减少所使用的物理资源。降低发送功率的方式不能直接降低 CR 值，但是可以降低 CBR，进而使得 CR 值满足 CBR 与 CR 映射表要求。

4.4.8 LTE-V2X 的通信安全

DSRC 使用应用层安全机制来保证 V2X 通信的安全，该应用层安全机制也被 LTE-V2X 重用，作为 PC5 直连 V2X 通信的安全方案和 Uu 通信的附加安全方案。

V2X应用层安全系统主要是借鉴传统公钥关键设施(Public Key Infrastructure,PKI)系统通过证书链实现终端的互信,同时针对隐私保护和匿名化功能,设计了一套任何服务模块均无法获悉用户的完整信息、可以颁发海量匿名证书并且可扩展的系统。

V2X设备使用相应的数字证书对将要发送的V2X消息进行签名、对所接收到的V2X消息进行验签,从而保证V2X通信的合法性和完整性、和V2X消息/服务来源的可信性(见图4-36)。

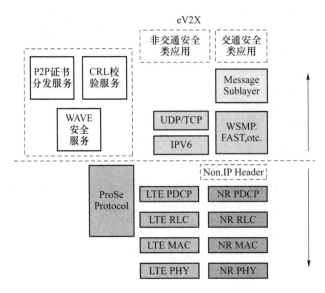

图4-36　C-V2X的协议栈和安全协议

第 5 章　车联网的示范应用

汽车测试是保障汽车安全性的重要环节。汽车逐步从独立的机械单元向智能化和网联化发展是车联网的重要发展趋势,汽车系统逐步让机器代替驾驶员完成对车辆环境的感知、驾驶决策和对车辆的操作与控制。人工智能的效果如何,能否保障汽车的安全性、舒适性、敏捷性和智能性,这些都要求智能网联汽车在投入使用之前对其功能和性能进行严格的系统评测。目前对智能网联汽车的测试主要包括软件在环测试、硬件在环测试等仿真测试以及包含封闭道路测试和开放道路测试在内的整车测试。《车联网(智能网联汽车)产业发展行动计划》也对完善标准体系,推动测试验证与示范应用提出了要求:在机场、港口、快速公交车道和产业园区开展自动驾驶通勤出行、智能物流配送、智能环卫等场景的示范应用。

目前世界各国都把车联网的道路测试和示范应用作为工作的重点,很多国家都建立了许多新的自动驾驶汽车测试平台与设施。除了封闭的试验场地,高速公路上也出现了越来越多配备测量仪器的试验环境。我国也积极开展了智能网联汽车测试及示范基地的规范和建设工作,努力推动车联网技术在我国的发展及落地。

5.1　国外组织的车联网示范应用

2016 年 4 月,联合国欧洲经济委员会(United Nations Economic Commission for Europe,UNECE)宣布,《国际道路交通公约(日内瓦)》(Vienna Convention for Road Traffic (Geneva))中对于自动驾驶汽车的修正案正式生效。新的修正案规定,在全面符合联合国车辆管理条例或者驾驶员可以人工选择关闭该功能的情况下,将驾驶的职责交给车辆的自动驾驶技术可以明确地被应用到交通运输当中,即允许汽车在特定期间进行自动驾驶。自动驾驶首次在法律的层面上得到许可,驾驶的责任人不再一定是人,而可能是汽车本身。修正案的生效意味着大部分包括欧美地区的 78 个国家或地区可以从此实施这项法规,允许配有相关功能的汽车在特定期间自动驾驶。目前,世界各国都积极投入和支持自动驾驶技术,开展车联网的示范应用。

5.1.1　美国网联汽车示范应用

2009 年,谷歌公司宣布开发无人驾驶汽车,使用丰田的雷克萨斯和普锐斯车型进行自动驾驶路测。2012 年 5 月,美国内华达州机动车管理部门为谷歌的自动驾驶颁发首例驾驶许可证。自动驾驶正式开始进入道路测试阶段。

经过 10 年的测试,谷歌无人驾驶汽车品牌 Waymo 的官网数据显示,其目前在美国加州山景城、旧金山、亚利桑那州凤凰城、钱德勒、密歇根州底特律等共计 6 个州的 26 座城市/地区进行测试,累计完成了超过 1 000 万英里,约合 1 600 万公里的实际路测里程。Waymo

在美国亚利桑那州投放的无人车已经开始接受乘客在线 7×24 小时约车服务,并开始收取费用,这标志着自动驾驶开始从研发阶段正式向公众开放,并进行商业化。

美国的车联网发展主要由美国交通部主导,其于 2016 年和 2017 年分别发布了《自动驾驶汽车政策指南》和《自动驾驶系统指南:安全愿景 2.0》作为自动驾驶的政策指南,并为美国地方政府规划自动驾驶试验场和相关测试的法规提供了指南。

其实,美国国家公路交通安全管理局(NHTSA)早在 2012 年 8 月就开始对"车辆对车辆"(V2V)技术进行现场试验。这项名为"安全驾驶"的试验计划在一年多的时间里收集了密歇根州安娜堡市(Ann Arbor)的 3 000 辆汽车的数据。NHTSA 收集这些数据,确定车辆之间发送的哪些信息最有帮助,并记录驾驶员对该功能的反应。V2V 应用可以使车辆在行驶过程中,即使司机没有看到另一辆车,也能相互交流。这样就可以在更长的时间内避免事故的发生,将车辆系统提升到目前安全技术所无法企及的水平。

为了测试无线连接和无人驾驶汽车,密歇根大学北校区 2015 年 7 月启动了 Mcity 的建设项目。Mcity 占地 32 英亩(13 公顷),并按照实际的城市交通场景,设置了交通灯、人行横道、自行车道、车道、树木、消防栓、人行道、路标、交通控制设备,甚至还有建筑障碍;设置了不同的路面(混凝土,沥青,模拟砖和泥土等)以满足测试的需求;其建筑的外墙可以变换位置,也可以根据需要设置圆形,环形,十字的道路交叉口;设置了金属桥和隧道以满足测试无线信号传播的需求。除了逼真的交通规划设计之外,Mcity 还考虑了日常生活中可能出现的种种意外,如随处可见被涂鸦遮盖的交通标志,已经褪色的道路指引以及一个机械控制的"行人":他随意穿行于各个路口,喜欢冷不丁地跳到车跟前,以测试无人驾驶汽车能否及时采取紧急措施。目前 Mcity 已经吸引了众多汽车厂家进行自动驾驶的测试(见图 5-1)。

图 5-1 安娜堡的 Mcity 试验场

为了测试网联化,安娜堡还建立了分散在其街道上的路侧设备,支持 3 000 台以上的汽车接入网络,以此来测试 DSRC 无线通信技术,通过音调、语音和信号与驱动程序通信。

除了安娜堡,美国交通部发起的"自动驾驶试验场试点计划中",选取了 10 个自动驾驶技术试验场,具有不同的测试设施,可用于评估自动驾驶汽车的安全性,提供各类道路和路况条件,并能够承载不同类型的车辆。具体如下。

① 匹兹堡市与托马斯·拉森宾夕法尼亚州交通学院(Pittsburgh and the Thomas D. Larson Pennsylvania Transportation Institute)。

美国交通部将匹兹堡市和宾夕法尼亚大学合并为一处自动驾驶试点试验场。匹兹堡市在智能主干道走廊的主要路段开展自动驾驶测试;宾夕法尼亚大学则在乡村地区拥有封闭的测试车道,将开展低速自动驾驶公共及商业运输测试,以及可控的安全碰撞测试。匹兹堡市拥有山丘、桥梁、隧道等多样化的道路、浓厚的自行车氛围,不同的季节天气,是在不同地理环境、气候条件和交通密度进行自动驾驶测试的理想城市。

② 得克萨斯州自动驾驶试验场合作伙伴(Texas Auto Vehical Proving Grounds Partnership)。

得克萨斯州试验场拥有封闭的测试设施、真实的城市和乡村测试环境,如装卸站台、海港码头、机场等,还引入了无人机系统,从而提供了丰富的设施环境。试验场既有位于研究园区内的可控测试环境,可以对自动驾驶汽车的完整产品周期进行评估,也有城市交通和货运试验场的真实测试环境,从而提供了丰富的交通场景。

③ 美国陆军阿伯丁测试中心(U.S. Army Aberdeen Test Center)。

阿伯丁测试中心位于马里兰州哈福德郡境内,其中的彻奇维尔测试区是一片由越野测试车道组成的丘陵区,有大量的自然陡坡和急转弯。测试区包含总长度 18 km 的道路网络和占地面积 1 500 亩的测试场,其中两条闭合环形车道分别长 4.8 km 和 6.4 km,另外还有泥地、土路和砂石路面,以及坡度范围在 7%～29% 之间的斜坡。

④ 密歇根州美国移动中心(American Center for Mobility)。

美国移动中心位于密歇根州的伊普西兰提镇,占地面积 2 000 亩,是密歇根州的网联和自动驾驶技术测试场。美国移动中心为自动驾驶制造商提供了更逼真的环境(一条 4 km 长的高速公路、2 处高架道路、200 多米长的曲线隧道等)和高风险场景(模拟主干道多车道交叉路口),用于自动驾驶测试、卡车队列行驶测试、无人驾驶班车测试,以及无人机装载货物、无人机与汽车通信辅助的地面交通测试等;另外,可以提供多种气候条件(包括冰雪天气)的测试环境,灵活运用双层高架公路、铁路道口、混凝土基础路面、制造结冰和湿滑路面的水塔等基础设施和建筑结构。

⑤ 康特拉科斯塔运输局(Contra Costa Transportation Authority and GoMentum Station,CCTA)。

该试验场占地 20 km^2,是目前全美最大的自动驾驶汽车安全测试场。实际可测试用地为 8.5 km^2,具备诸如丘陵、斜坡和各种路面的地质特征用于实现多样的测试场景,主要提供的功能包括:数个停车场用于测试多用户并发停车;2 条 400 m 长的隧道用于测试导航、传感器与通信技术;超过 30 km 的道路(包括 11 km 长的直道)用于高速测试;铁路道口和轨道;地下通道和可变路网;类似城市街区的道路网格系统等。测试基地主要为商业化用途的车联网设备和自动驾驶汽车技术提供测试服务。

⑥ 圣迭戈政府协会(San Diego Association of Governments)。

圣迭戈政府协会试验场包括 15 号州际公路快速车道和南海湾高速公路。其中 15 号州际公路快速车道长超过 30 km,南海湾高速公路长 16 km,拥有多项先进的交通管理设施,包括具有可移动护栏的中间隔离带、快速交通服务、动态收费系统等,为自动驾驶汽车测试提供了理想的条件。

⑦ 爱荷华城开发集团(Iowa City Area Development Group)。

爱荷华城开发集团的测试场具备各类真实动态的测试元素,包括各种天气、地形和路面条件。依托爱荷华大学先进驾驶模拟中心的模拟实验及爱荷华大学在汽车安全、计算机建模等研究领域的国际领先地位,该试验场可以进行各种人为因素的测试,高度定制化的虚拟环境测试。

⑧ 威斯康星大学麦迪逊分校(University of Wisconsin-Madison)。

该试验场未来将在 Epic 公司园区和威斯康星大学麦迪逊分校校园内部署 EasyMile 自动驾驶接送班车;在特定区域使用小型公交车按需提供交通服务,将使用者送往公交车站点,完善自动驾驶短途公交系统;为威斯康星州麦迪逊市所有信号化交叉路口和铁路交叉口、所有公交车以及部分出租车安装专用短程通信(DSRC)设备。

⑨ 中佛罗里达州自动汽车合作伙伴(Central Florida Automated Vehical Partners);

该试验场的初期工程包括全长 2.25 英里(1 英里=1.609 344 km)的椭圆形高速车道,设计车速 70 英里/小时,包括 1 英里可独立使用的 5 车道直线跑道,4 座电子收费龙门架,供收费设备和软件进行测试。二期工程将模拟复杂城市中心、郊区环境,包括几乎所有几何形状的道路、交通场景的虚拟现实和增强现实区;模拟各类城市交叉路口布局和复杂的照明、标识、交通信号条件;郊区环境模拟大型多车道交通干线在城市郊区的过渡路段、多条街道斜插在一起的大型交叉路口复杂布局;包含人工制造的起伏不平山路、复杂的水平弯道和纵坡道路条件。

⑩ 北卡罗来纳州收费公路管理局(North Carolina Turnpike Authority)。

北卡罗来纳州的 540 号州际公路:三角园区高速公路,全长 30.5 km,将三角研究园区与周围三座城镇连接。该公路是使用自动收费技术的全新收费公路,具备全新的电子收费系统和交通实时监控系统,堪称"全美最先进的高速公路之一",能够兼容美国种类众多的计费器。

不仅要关注以自动驾驶技术测试为主的封闭试验场,更要注意在这些封闭试验场周边的真实交通道路上能够开展的网联汽车试点、智慧走廊项目,这些共同构成了美国的车联网自动驾驶示范应用。

5.1.2 欧洲协作式智能交通 C-ITS 示范应用

2014 年 8 月瑞典 AstaZero 安全技术综合试验场正式开放,试验场由 AsteZero 集团投资 5 亿瑞典克朗在瑞典歌德堡市附近建立(见图 5-2)。试验场将作为一个开放的国际性平台,服务于全球的汽车制造厂商、供应商、立法机构、道路管理部门、学术以及技术机构在内的利益相关方。AstaZero 测试场总占地面积约 200 万平方米,总建筑面积约 25 万平方米。测试场四周是一条 5.7 km 长的高速公路,设置 4 个 40 m×25 m 的活动模块以模拟城市环境;同时还有一个直径为 240 m 的环形高速测试区,通过减速带与另一条 700 米长的多车会车道相连。其测试环境如下:

① 乡村测试区:乡村道路共有 10 个隐蔽的障碍物设置点,在这些点上障碍物会突然出现在汽车前方。该测试区专门用于测试驾驶员的各种驾驶反应和相应的行为。路面上有两个 T 字路口和十字路口,标识牌上的语言可以按照客户的需要进行定制。乡村道路上还会

设置两处公交车站和紧急停车带。

② 城市测试区:城市测试区主要用来测试汽车如何应对周围交通环境,以避让公交车、骑车人、行人或其他道路使用者。该测试区涵盖一系列不同场景的小区域,如拥有宽窄各异的车道、公交车站、人行道、自行车道、街道照明和建筑模型的中心城区。城市区也配备有多种测试环境的道路系统,包含如环岛、T字路口、急弯道等。

③ 多车道道路:多车道道路一共有4个车道,通过长约300 m、宽约7 m的加速带连接到高速区。加速带上还有一个供尺寸较长的车辆使用的环形回车道。多车道道路上可以测试变道、碰撞、横穿道路等多个不同的交通情景。

④ 高速路:位于测试场的中央,共有两条长约1 000 m的加速带。此外,还可以使用多车道道路加速,这可让汽车能够以3种方式进入高速路。高速路主要是测试汽车的性能,如高速行驶时的避让表现。

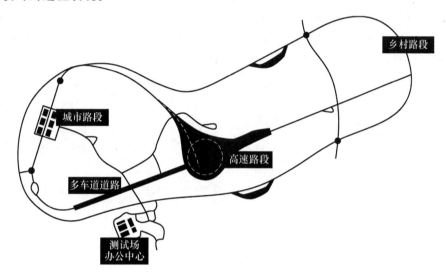

图 5-2　瑞典 AstaZero 安全技术综合试验场简图

2017年,德尔福汽车公司与法国交通发展集团(Transdev)达成协议,共同在法国部署全自动驾驶汽车上路行驶:在诺曼底大区的鲁昂(Rouen)部署两辆无人驾驶出租车(车型为雷诺 Zoe)运行;一辆无人驾驶厢型班车将在巴黎萨克雷大学(Paris-Saclay)地区和火车站之间运行。这些车辆将沿固定路线行驶,并且车内将安排监控人员,并由远程控制中心实时跟踪。

2019年1月,C-ITS 的最新版本 V1.4 发布。其中就包含了欧盟新启动的 C-Roads 测试项目的结果。C-ROADS 平台于2016年10月启动,覆盖11个成员国(奥地利、比利时、捷克共和国、芬兰、法国、德国、匈牙利、意大利、荷兰、斯洛文尼亚、英国)的有关部门和道路运营商,其目标是协调欧洲各地的合作智能交通系统(C-ITS)部署活动。

5.1.3　日本智能交通和网联驾驶示范应用

日本在传统汽车产业和互联网通信技术领域有深厚的积累。ETC 和 VICS 项目的成功运用也为日本在车联网方面的发展打下了良好的基础。2016年日本政府发布高速公路自动驾驶和无人驾驶的实施路线报告书,明确期望于2020年在部分地区实现自动驾驶功能。日本警察厅于 2017 年 6 月发布许可允许汽车在驾驶位无人的状态下上路测试。日本内阁府也宣布从 2017 年到 2019 年在国内部分高速公路、专用测试道路上进行自动驾驶汽车的测试。日本政府在政策、标准等方面为自动驾驶汽车和车联网的发展提供了良好的平台。

从 2016 年 3 月开始,日本政府在位于筑波科学城的茨城县日本汽车研究所建设了一个 16 万平方米的自动驾驶汽车测试基地 Jtown(见图 5-3)。Jtown 包括特异环境试验场、V2X 市区和多目的测试市区三部分。Jtown 通过跑道、建筑模型、无线电通信干扰设备等相关设施建设,尽可能创造所有可能出现的不利条件与场景,用于测试自动驾驶可能出现的问题。

其中特异环境试验场位于室内,试验道路全长 200 m,具有 3 条 3.5 m 宽的车道,可以模仿雨、雾等天气不良条件,逆光、夜间等光线不良条件及弯道、路口等视野不良下的交通环境,可以测试安装在车辆上的相机和各种传感器的性能。V2X 市区部分模仿实际市区复杂的交通环境,并通过通信技术对协自动驾驶系统进行验证。多目的测试市区部分可以通过灵活的变换车道,再现各种各样的路口,用来评估车辆的车道维持性能,利用道路的车辆和行人、自行车等性能,以及街道上避免障碍物的性能进行测试。

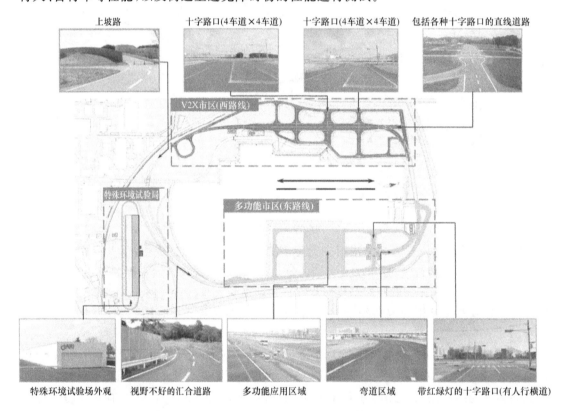

图 5-3　日本 Jtown 自动驾驶汽车测试基地

5.2　国内的车联网示范应用

目前北京、上海、重庆、长沙、深圳、杭州、长春、天津、平潭等多个城市都出台了道路测试政策,并发布了地方首批自动驾驶道路测试牌照。但是我国智能汽车测试需求较大,仅局部的试点难以满足全国智能汽车研究与生产的科研机构和相关企业的需求,测试环境也不具备通用性。因此短期之内,封闭场地测试还是国内车联网测试的重点。我国相关部委、地方政府、企事业单位从2015年前后就积极开展了智能网联汽车封闭测试场地或示范区的规划、建设工作,努力推动智能网联汽车在我国的发展及落地。

我国目前正在规划或建设的智能网联汽车测试及示范基地可以主要分为两类:第一类是由国家相关部委,如工业和信息化部、交通部联合地方政府批复,由相关企业或研究机构承担建设的封闭测试场地,这类场地主要面向社会开放,承担测试及示范任务;第二类是在地方政府的支持下,由高校、车企、研究机构自主建设的测试道路或示范区。

5.2.1 国家级应用测试基地/试点示范区

为尽快推动C-V2X产业商用,工业和信息化部与北京-保定、重庆、浙江、吉林、湖北地方政府签署了《基于宽带移动互联网的智能汽车、智慧交通应用示范合作框架协议》;与公安部、江苏省人民政府签署了《国家智能交通综合测试基地共建合作协议》;通过智能制造试点示范项目支持上海市建设智能网联驾驶示范区;通过中德智能网联汽车、车联网标准及测试验证试点示范项目支持四川省建立示范基地。交通运输部依托公路综合试验场,建设了智能驾驶测试基地,设计了模拟城市道路、车路通信基础设施、交通信号设施、各种路侧智能化设备等,支持自动驾驶和车路协同测试。示范区有助于推动车联网技术创新和标准制定、促进产业融合创新、培育发展新型业态。

(1) 国家智能网联汽车(上海)试点示范区(见图5-4)

图 5-4 国家智能网联汽车(上海)试点示范区

国家智能网联汽车(上海)试点示范区是在工业和信息化部领导下,由中国汽车工程学会智能网联联盟负责总协调,由上海国际汽车城(集团)有限公司承担建设,2015年6月批准的国内首个国家级智能网联汽车示范区。国家智能网联汽车(上海)试点示范区以服务智能汽车、V2X 网联通信两大类关键技术的测试及演示为目标。

示范区分四阶段建设,分别为封闭测试区与体验区、开放道路测试区、典型城市综合示范区以及城际共享交通走廊。

目前示范区建设已推进到第二阶段,已部署 GPS 差分基站、LTE-V2X 通信基站、路侧单元、智能红绿灯以及各类摄像头,新建 LTE-V2X 基站 13 座,完整搭建 1 套 C-V2X Server 数据中心平台,能够为整车及零部件企业提供 C-V2X 车路通信应用的研发与测试支撑服务。2018—2019 年将完成 18 条开放道路的智能网联化建设,并组织不少于 3 000 辆的各类 C-V2X 应用车辆进行应用示范。根据规划,智能网联汽车上路测试的基本环境覆盖面积达到 27 km^2,涉及城市快速路、园区道路等,测试与示范车辆规模达到千辆级。到 2019 年底,测试区拓展至安亭镇全域,以及外冈镇,覆盖面积达到 100 km^2,增加高速公路测试场景,测试与示范车辆争取达到 5 000 辆。到 2020 年,通过嘉闵高架等道路智能改造,形成汽车城与虹桥商务区两个城市独立共享交通闭环,覆盖面积达到 150km^2,测试车辆争取达到万辆级。

（2）无锡国家智能交通综合测试基地及车联网应用示范区

无锡车联网应用示范区由公安部交通管理科学研究所、中国移动、华为、无锡交警支队、中国信息通信研究院等牵头建设。示范区位于无锡市滨湖区,规划总面积为 178 亩,规划了开放道路测试研究、城市级规模示范应用、打造车联网产业基地三个阶段,覆盖综合测试基地周边多个区域,并部署基于 LTE-V2X 通信技术的新业务应用（见图 5-5）。

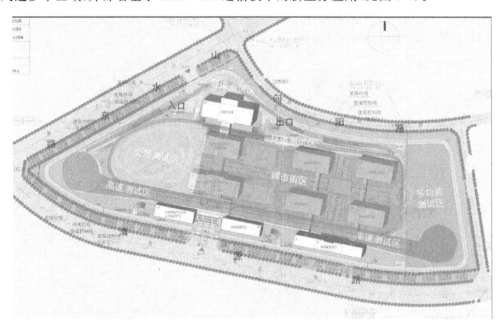

图 5-5　无锡国家智能交通综合测试基地及车联网应用示范区总体设计图

示范区的目标是打造智能交通管理技术综合测试平台、交通警察实训平台与智能网联汽车运行安全测试平台三大平台,实现智能交通管理技术和产品的综合测试、新技术新产品的验证示范,保障公安交警业务和技能实训,并推动智能网联汽车测试技术标准体系研究,实现智能网联汽车运行安全技术测试认证。

封闭测试区道路总长 3.53 km,包括公路测试区、多功能测试区、城市街区、环道测试区和高速测试区等。其中公路测试区为双车道道路,总长 450 m,测试速度 60 km/h;多功能测试区约为 100 m×200 m 的广场,用于环岛路口智能网联汽车交织测试等项目;城市街区 1 090 m,包括 2 条干道、5 条支路,以及多种类型的交叉口,模拟自动驾驶车辆城市道路行驶场景;环道测试区长度 1 350 m,最高测试速度为 60 km/h;高速测试区主线为 640 m 长的四车道道路,最高测试速度可达 100 km/h。

开放测试区将建成覆盖 211 个路口和 5 条高架,重点关注实际开放道路的各种场景下的行车安全,在开放测试区道路环境改造方面,规划了各种不同的道路类型,配备红绿灯、交通标志和电子指示牌,涵盖各种天气和复杂环境,还原了更加真实的实际道路测试场景。实现将关键道路交通基础设施、智慧交通管理系统与以 LTE-V2X 技术为代表的下一代车联网的信息交互融合,服务 10 万辆社会车辆的车联网平台,为车联网规模化应用提供有力支撑。

(3) 重庆(i-VISTA)智能汽车集成系统试验示范区(见图 5-6)

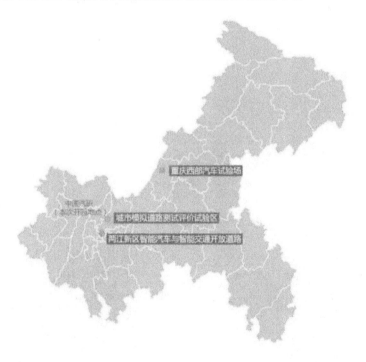

图 5-6 重庆(i-VISTA)智能汽车集成系统试验示范区

重庆智能汽车集成系统试验示范区由中国汽车工程研究院股份有限公司牵头建设,突出独特山水城市道路交通及通信特色。目前,第一期"智能汽车集成系统试验区(i-VISTA)"建设完成并开始启用。该试验区位于中国汽车工程研究院礼嘉园区内,总面积达 403 亩,6 km 的道路测试区中,涵盖了 50 多种交通场景测试,包括直道、弯道、隧道、桥梁、上下坡、交叉路口、停车场、加油站、充电站等,并设置了虚拟车辆、虚拟行人。除此之外,区内还集成了智能传感器、北斗高精度定位、LTE-V/DSRC 车路等实时通信设施,可供相关研究单位开展盲区预警、变道预警、行人预警、紧急制动、车速诱导、自动泊车、隧道行驶等测试。

二期工程将完成重庆西部汽车试验场综合测试试验区建设和改造,解决高速及乡村道路环境下 V2X 相关系统和技术测试问题,可以涵盖西部地区 90% 以上特殊路况。三期将实现复杂开放交通场景下大规模智能汽车和智慧交通应用示范。

(4) 国家智能汽车与智慧交通(京冀)示范区(见图 5-7)

图 5-7 国家智能汽车与智慧交通(京冀)示范区开放测试区

国家智能汽车与智慧交通(京冀)示范区由北京智能车联产业创新中心主导建设。2017

年9月,示范区正式启动智能网联汽车潮汐试验道路服务。该开放道路总长约12 km,已完成多种路侧交通设施改造,并实现了行人碰撞预警等应用。

2018年2月,示范区的自动驾驶车辆封闭测试场地——海淀基地——正式启用。该测试场地涵盖京津冀地区城市与乡村复杂道路环境,支持构建上百种静态与动态典型交通场景,场地部署有V2X设备与系统,能够支持网联驾驶研发测试工作。总长为10 km的封闭试验场地,里面包含30种以上城市道路元素,并完成约100 km的开放/半开放市政道路基础改造,覆盖场景达180种以上。

目前北京首条车联网专用车道已经正式落地。该车联网道路位于亦庄荣华中路与景园街处,长达12 km,建有智能红绿灯、显示屏、微波信号发射器等多种硬件设施,以及北斗导航与GPS定位技术,并有大数据计算为后台服务器提供技术支持,可让车辆实时与周边基础设施进行互联互通,提高驾驶效率和行车安全。

第二阶段,继续扩展示范区的建设和示范场景,争取到2020年年底,封闭试验场地可包含100种以上城市道路元素,并完成长达200 km的开放/半开放市政道路基础设施改造,覆盖300种以上场景,以实现1 000辆全自动驾驶汽车在开放道路、半开放道路和封闭道路的多种复杂场景下应用示范。

(5) 国家智能网联汽车应用(北方)示范基地(见图5-8)

图5-8 国家智能网联汽车应用(北方)示范基地环岛测试

国家智能网联汽车应用(北方)示范基地由启明信息牵头建设,目前一期工程已经完工,具备11个大场景、233个小场景测试示范功能,已通过一汽自主品牌智能网联汽车实现信息提示、安全预警等V2X应用,并被列为中国-俄罗斯V2X共同测试应用基地。预计2019年年末,该基地将建成国内寒区智能汽车和智慧交通测试体验基地,预期提供72种主要场景、214种细分场景的现场测试,为今后智能汽车和智慧交通"传感器+V2X+人工智能+执行器"的功能和性能验证提供有效的工具与手段。

第一阶段,可以同时支持100辆车进行测试服务,其中不少于2辆安装基于LTE-V技术的V2X通信设备和北斗高精度定位设备,能够实现信息提示、安全预警等智能网联化应用。

第二阶段,可以支持的示范车辆达到500辆,其中8辆以上安装基于LTE-V技术的

V2X 通信设备和北斗高精度定位设备,其中 20 辆以上安装 4G 的 T-BOX 和北斗高精度定位设备,其余车辆安装基于 4G 技术的 OBD 终端,能够实现信息提示、安全预警与控制、绿色节能等智能网联化应用,包含合资、自主品牌车辆参与示范运行。建设 20 个配有红绿灯的交叉路口,各交叉路口的红绿灯都安装信息发送、接收设备。

第三阶段,可以支持示范车辆达到 10 000 辆,包括轿车、客车、卡车、新能源等多种车型,其中 50 辆以上安装基于 LTE-V 技术的 V2X 通信设备和北斗高精度定位设备,其中 500 辆以上 4G 的 T-BOX 和北斗高精度定位设备,其余车辆安装基于 4G 技术的 OBD 终端,能够实现信息提示、安全预警与控制、绿色节能等智能网联化应用。50 个以上交叉路口安装智能网联红绿灯,在 40 个以上交叉路口安装流量监控设备,有 30 个以上道路安装危险状态监控以及危险信息发布设备。

(6) 浙江智能汽车与智慧交通示范区

浙江省以杭州市云栖小镇和桐乡市乌镇为核心区域,建立集智能汽车、智慧交通、宽带移动互联网于一体的试验验证示范区。云栖小镇中部署有 34 个 LTE-V2X 路面站点,建设了多种交互场景(见图 5-9)。桐乡地区主要构建了交通大数据集成及信息服务模型,实现了车联网综合运营平台,并完成多项辅助驾驶和自动驾驶的研究与测试。

图 5-9 浙江智能汽车与智慧交通示范区云栖小镇

2016 年 7 月,云栖小镇初步建设成了 5G 车联网应用示范项目,实现了基于 LTE-V 车联网标准的智能汽车的车-车、车-路的信息交互场景。

2016 年 11 月,乌镇基于 4G 宽带移动网络和视频技术,在乌镇子夜路延伸段构建了国内首条智能驾驶示范路。

(7) 湖北智能汽车与智慧交通示范区

湖北智能汽车与智慧交通应用示范区位于武汉经济技术开发区智慧生态城,由武汉经济技术开发区承担建设。武汉示范区重点建设"无人驾驶"智慧小镇,拟通过五年时间,分三个阶段逐步由封闭测试区、半开放式示范应用区到城市交通开放环境,开展智能汽车测试评价、智能汽车自动驾驶、智慧交通、智慧小镇等多个应用示范(见图 5-10)。

图 5-10 湖北智能汽车与智慧交通示范区

示范区第一阶段 2 年内,建成 2 平方公里的智能网联汽车封闭试验场,目前选址——位于智慧生态城黄陵矶休闲公园,整个项目占地面积约 3629 亩,搭建"部分自动驾驶"测试场景,;第二阶段是在 3~5 年内,建设 15 km² 的半封闭区,实施"有条件的自动驾驶"示范;第三阶段是 5 年后将示范区扩展至 90 km²,开展"高度自动驾驶"下的智慧城市服务示范。试验场将模拟湿滑、涉水、山路、林地、高速、砖石、桥梁等多种路况。

(8) 长安大学车联网与智能汽车试验场

长安大学在 2014 年启动了长安大学车联网与智能汽车试验场的建设、改造工作,试验场占地 28 万 m²,规划有高速测试区、低速测试区、城镇测试区、乡村测试区、综合展示区、交通检测与控制区等多个测试区域(见图 5-11)。

图 5-11 长安大学车联网与智能汽车试验场

目前已开展了大量的 V2X、智能汽车、ADAS 应用测试及验证工作,并获得了大量的研究成果。2016 年 12 月,与中国移动、清华大学开展"车联网"教育部-中国移动联合实验室共建。2017 年 3 月,联合清华大学、中国移动等 20 多家单位发起成立"车联网与智能汽车测试技术创新联盟",联合开展车联网与智能汽车测试相关的关键技术研究与开发。

(9) 交通部公路交通综合试验场

交通部公路交通综合试验场坐落于北京市通州区,占地 2.44 km², 是由交通运输部公路科学研究院运营和管理的大型综合性试验基地。总体规划是围绕自动驾驶研发测试、智能基础设施与车路适应性研究、自动驾驶背景下的交通运输新模式评估与示范开展建设(见图 5-12)。

图 5-12　交通部公路交通综合试验场

目前已建成自动驾驶研究与测试相关方向实验室 5 个,初步具备自动驾驶车辆在高速公路、一般公路、城市道路场景的功能测试能力,并依托动态广场、高速环道、长直线性能路具备部分自动驾驶功能的性能评测能力。

(10) 重庆车辆检测研究院

重庆车辆检测研究院拥有从封闭场地到开放道路测试的全项省部级的授权认可,具备集场地场景、设备设施、测试资质和专业团队于一体的自动驾驶测试综合服务能力(见图 5-13)。近期规划建设高速道路测试区、城市道路测试区、城镇道路测试区、乡村道路测试区和特殊环境及道路测试区等五大测试区域。

图 5-13　重庆车辆检测研究院长直线性能路

目前已开展了大量 ADAS、V2X 及自动驾驶测试,为 50 多家车厂及零部件厂商提供测试验证评价服务,支持 48 种自动驾驶与车路协同测试应用场景,其中网联协同类场景 28 个,自动驾驶类 20 个。

5.2.2 企业或地方自建/商业运营项目

除了上述国家级试点示范区之外,国内各相关产业组织,包括整车厂商、设备厂商、通信运营商等企业及高校还依托自身优势,并与各地省市级地方政府合作,积极推进 V2X 示范道路建设以及搭载 V2X 功能的无人驾驶车等在城市特定线路、景区固定区域等限定条件下的实际落地应用与商业运营。本节将介绍部分项目的规划和建设情况

(1) 奇瑞 V2X 示范场地

2017 年 9 月,奇瑞汽车为完善智能网联汽车前瞻技术研究软硬件条件,探索智能网联汽车生态圈运营模式,建设完成 V2X 示范场地,实现人车路智能协同(见图 5-14)。目前已完成一期 V2X 示范道路建设,并基于第二代奇瑞智能网联车以及无人车实现了超车预警、红绿灯路口提醒、追尾预警、自动跟车、施工预警等智能应用场景。

图 5-14 奇瑞 V2X 示范路场景

(2) 北汽无人驾驶体验项目

2016 年 7 月,北汽新技术研究院与辽宁省盘锦市大洼区签署合作协议,拟在"红海滩国家风景廊道"共同开发建设无人驾驶体验项目。该项目主体是一条长约 22 km 的风景廊道,正式运营后,将实现单向只有一条车道,没有交叉路口,没有社会车辆及行人(见图 5-15)。

(3) 中汽中心智能网联汽车试验中心

2016 年,中国汽车技术研究中心启动了智能网联汽车试验中心建设项目。建设分为两期,一期工程为 ADAS 测试场地,包含交叉口、长直路、非铺装路肩等多种道路交通元素,并设有路面铁板等专用试验设施,满足企业开展 ADAS 测试需求。二期工程计划在中国汽车技术研究中心盐城汽车试验场展开,目前针对智能网联汽车,ADAS 相关测试项目进行改造。

图 5-15　北汽无人驾驶汽车

(4) 深圳无人驾驶示范区

2016 年 10 月,深圳前沿产业基金和密歇根大学签署合作备忘录,共同开发无人驾驶汽车的核心技术,建设深圳独特的自动驾驶无人驾驶示范区。整个示范区主要由两部分组成,一部分是无人驾驶的测试区和研发区,另外一部分是无人驾驶汽车产业的生态技术。

(5) 德阳 Dicity 智能网联汽车测试与示范运营基地

2017 年 6 月,中国德阳 Dicity 智能网联汽车测试与示范运营基地项目在罗江启动,计划在德阳市罗江县打造智能网联汽车测试基地。

Dicity 基地分为真实路况测试区、封闭测试区和示范体验区。其中,真实路况测试区将为全国智能网联汽车提供专业的开放式真实路况测试与验证服务,并开展无人驾驶汽车测试与示范运营活动。

(6) 长沙湘江新区智能网联测试区

2016 年 6 月,为了实现长沙智能驾驶核心技术的研发和应用,长沙市政府启动了湘江新区智能网联测试区项目。

测试区分三期建设。一期为封闭式核心区,包括城市道路测试区、乡村道路测试区和越野测试区;二期为半开放式道路测试示范区,主要建设内容为自动驾驶汽车上路实测的环境建设,用以实现车辆上路实测、全功能示范;三期将在一、二期的基础上,向周边高速公路及城市道路进行拓展,打造成为综合性的自动驾驶体验区。

(7) 广东智能网联汽车与智慧交通应用示范区

广东智能网联汽车与智慧交通应用示范区示范区基地涵盖智能网联汽车电子研发、测试、示范和产业化等内容,重点建设车载智能终端产业化平台。示范区将建成以 5G 试点网络和物联网为核心的产业生态体系。将建成以 5G 试点网络和物联网为核心的产业生态体系。

示范区总体方案中的推荐选址为花都区赤坭镇沙湾村(西部汽车产业基地),建设可用面积约2平方公里。该封闭测试区将按照功能分区,包括道路测试区、配套服务区及台架实验区。道路测试区中的场景设置为城市道路、郊外一般道路及高速路测试单元,以满足不同种类的测试需求。半开放测试区、开放测试区在番禺区、南沙区、增城区、黄埔区均有布局。

(8) 福建平潭无人驾驶汽车测试基地

2018年4月,福建平潭无人驾驶汽车测试基地启动,这是平潭与百度开展人工智能领域合作项目。平潭岛中西部的麒麟大道西段选定为首期测试场地,全长超过6 km,建设新能源充电桩、高速移动信息通信基站等配套设施。

该基地规划建设封闭测试区、半封闭测试区和开放道路测试区。目前,基地已公开首期封闭测试区,道路总长约3.6 km,路面建设配有新能源充电桩、高速移动信息通信基站等设施。该测试区涵盖柏油路、碎石路、土路、人行道、坡道、隧道、林荫道、环岛等70余种道路测试场景。

后　　记

　　新一代信息技术与制造业深度融合,正在引发影响深远的产业变革,形成新的生产方式、产业形态、商业模式和经济增长点。通信、互联网、大数据、云计算和人工智能等技术的飞速发展正在改变我们的生活方式和生产方式。在这场前所未有的变革中,车联网(智能网联汽车)产业是汽车、电子、信息通信、道路交通运输等行业深度融合的新型产业形态。车联网将不仅改变汽车产品的形态,也将改变交通运输和人们的出行模式。

　　随着车联网技术向智能化和网联化发展,广义的车联网需要利用先进传感技术、网络技术、计算技术、控制技术和智能技术,对道路交通进行全面感知,对每部汽车进行交通全程控制,对每条通路进行交通全时空控制。车联网将成为传统整车企业和汽车零部件提供商和信息通信行业开展跨行业跨企业协同合作和融合创新的必然要求。发展车联网产业,有利于提升汽车的网联化、智能化水平,实现自动驾驶,发展智能交通,促进信息消费,对我国推进供给侧结构性改革、推动制造强国和网络强国建设、实现高质量发展具有重要意义。

　　我国政府高度重视车联网相关技术及产业发展,为了推进车联网产业发展,抢占新工业革命的优势地位。国家出台了一系列相关政策和文件,从政策法规、标准规范和安全保障体系等各方面给出了指导意见和政策扶持。目前,我国车联网产业即将进入发展快车道,产业活跃度越来越高,潜力巨大。我国在车联网服务、联网通信方面具有较好的产业基础。与国际保持同步;部分创新业务走在世界前列。我国企业参与推动的 LTE-V2X 技术已经成为国际 V2X 无线通信两大主流技术之一,5G 技术也处于国际第一梯队。为我国车联网技术的产业创新以及行业竞争奠定了基础。但是还应该看到,我国在汽车电子和高端元器件方面国际竞争力还相对薄弱,车载集成电路、计算平台、自动驾驶算法等汽车与交通网联化和智能化的很多领域还和美欧日等国家存在差距。

　　面临车联网的挑战,我们一方面需要进一步加强跨行业跨领域的总体架构与标准化工作,对车联网进行总体架构设计;另一方面,需要加大车联网的研发投入,完成核心技术的突破,提高高端传感器、新型汽车电子、车载操作系统等产业链的竞争能力;最后,还需要建立跨部门跨行业的政策协同和项目运作机制。信息通信、汽车、交通等行业能够加强协同,政府、行业组织和企业加强联系,共同解决大规模测试验证,抓住车联网产业发展的历史性机遇,促进产业持续健康发展,积极推进车联网技术的推广和落地,为中国建设汽车强国,制造强国和网络强国提供强有力的支撑。

参 考 文 献

[1] 王平. 车联网权威指南:标准,技术及应用[M]. 北京:机械工业出版社,2018.

[2] 王泉. 从车联网到自动驾驶:汽车交通网联化、智能化之路[M]. 北京:人民邮电出版社,2018.

[3] 佟学俭,罗涛. OFDM 移动通信技术原理与应用[M]. 北京:人民邮电出版社,2003.

[4] Hartenstein H,Laberteaux K P. VANET:车联网技术及应用[M]. 北京:清华大学出版社,2013.

[5] 工业和信息化部. 车联网(智能网联汽车)产业发展行动计划:工信部科〔2018〕283 号[S/OL]. (2018-12-25)[2019-01-05]. http://www.miit.gov.cn/n1146285/n1146352/n3054355/n3057497/n3057498/c6564019/content.html.

[6] 中国信息通信研究院. 车联网白皮书[EB/OL]. (2018-12-18)[2019-01-05]. http://www.caict.ac.cn/kxyj/qwfb/bps/201812/t20181218_190858.htm.

[7] IMT-2020(5G)推进组. C-V2X 白皮书[EB/OL]. (2018-06-07)[2018-09-07]. http://www.imt-2020.org.cn/zh/documents/1.

[8] 中国智能网联汽车产业创新联盟. 智能网联汽车自动驾驶功能测试规程[EB/OL]. (2018-08-03)[2018-09-02]. http://www.caicv.org.cn/policy/.

[9] 工业和信息化部,国家标准化管理委员会. 国家车联网产业标准体系建设指南:工信部联科〔2018〕109 号[S/OL]. (2018-10-25)[2018-10-26]. http://www.miit.gov.cn/n1146295/n1146562/n1146650/c6271200/content.html.

[10] 工业和信息化部. 车联网(智能网联汽车)直连通信使用 5905～5925 MHz 频段管理规定(暂行):工信部〔2018〕203 号[S/OL]. (2018-06-08)[2018-09-02]. http://www.miit.gov.cn/n1146285/n1146352/n3054355/n3057735/n4699781/c6482424/content.html.

[11] 节能与新能源汽车技术路线图战略咨询委员会,中国汽车工程学会. 节能与新能源汽车技术路线图[M]. 北京:机械工业出版社,2018.

[12] 3GPP. Study on LTE-based V2X Services:TR 36.885[S/OL]. (2015-03-16)[2017-07-09]. www.3GPP.org.

[13] 3GPP. User Equipment (UE) radio transmission and reception:. TS 36.101 [S/

OL]. (2012-05-08)[2018-11-20].

[14] C-Roads Platform. C-ROADS Evaluation and Assessment Plan [EB/OL]. (2018-05-12)[2019-01-03]. www.c-roads.eu.

[15] DRIVE C2X. Report on FOT Operations [EB/OL]. (2014-08-01)[2019-01-03]. www.drive-c2x.eu.

[16] Liang Z, Saito M. A new symbol timing synchronization for OFDM based WLAN [J]: Proc. of PIMRC, 2004, 2(9): 1210-1214.

[17] Mahdi Abbasi Vienna. Characterization of a 5GHz Modular Radio Frontend for WLAN Based on IEEE 802.11p[J]. Telekommunikation, 2008.

[18] 夏亮, 刘光毅. 3GPP 中 V2X 标准研究进展[J]. 邮电设计技术, 2018(7): 11-16.

[19] 易晓珊, 于亮. 2018 年物联网行业发展回顾及前景展望[J]. 中国自动识别技术, 2018(12): 51-55.

[20] 姚美菱, 等. LTE V2X 服务与网络架构分析[J]. 电信快报, 2018(12): 28-30.

[21] 张亚萍, 权建刚, 徐浩宇. V2X 测试环境搭建研究与分析[J]. 汽车工业研究, 2017(7): 45-49.

[22] 刘爽, 吴韶波. V2X 车联网关键技术及应用[J]. 物联网技术, 2018, 8(10): 45-46, 49.

[23] 刘宗巍, 匡旭, 赵福全. V2X 关键技术应用与发展综述[J]. 电讯技术, 2018(7).

[24] 翟冠杰. 车联网体系结构分析及关键技术应用探讨[J]. 电子测试, 2018, 404(23): 78-79.

[25] 沈岑. 车联网通信安全与隐私防护机制研究[D]. 北京: 北京交通大学, 2018.

[26] 王兆, 邓湘鸿, 刘地. 中国智能网联汽车标准体系研究[J]. 汽车电器, 2016(10): 15-18.

[27] 邓晓峰, 等. 我国智能网联汽车测试及示范基地发展现状[J]. 汽车工业研究, 2019(1): 6-13.

[28] 邬贺铨. 物联网技术与应用的新进展[J]. 物联网学报, 2017(1).

[29] 黄海峰. 大唐移动积极发展智能网联汽车业务 借 5G 开启车联网新篇章[J]. 通信世界, 2018, 776(18): 31-32.

[30] 郑子健. 车载以太网通信技术研究[D]. 天津: 河北工业大学, 2017.

[31] 庄会泉. 基于 CAN_LIN 总线的汽车车身网络设计[D]. 天津: 河北工业大学, 2014.

[32] 吴晨晓. 汽车网络通信总线现状及发展[J]. 汽车实用技术, 2019(2).

[33] 金娇荣. 浅谈智能汽车与智能交通[J]. 汽车维护与修理, 2018(11).

[34] 殷媛媛. 国内外智能网联汽车发展趋势研究[J]. 竞争情报, 2017, 13(5): 51-58.

[35] 邱永芳, 邱恭安, 周永筝. 基于可变距离的车联网 D2D 通信连接选择[J]. 电信科学,

2017(05):44-50.

[36] 薛元飞.物联网在城市交通网络中的应用与技术分析[J].汽车实用技术,2019(3).

[37] 杨博文.智能交通系统的研究现状及发展趋势分析[J].中国设备工程,2019(1).

[38] 贾进.高速公路的管理与维护[J].工程管理,2018(10).

[39] 葛艳.车辆导航动态路径规划的研究进展[J].公路交通科技,2010,27(11):113-117.

[40] 王军.武汉交通拥堵问题的解决方案刍议[J].武汉交通职业学院学报,2011(3).

[41] 吴紫恒.基于数据挖掘的驾驶行为与道路拥堵分析[D].合肥:中国科学技术大学,2018.

[42] 陈柯.基于车联网的高速追尾预警系统研究[D].南京:东南大学,2017.

[43] 王文.面向车联网安全应用的数据广播技术研究[D].北京:北京邮电大学,2017.

[44] 张建华,邹常丰.车联网技术及其在交通管理中的应用[J].交通科技与经济,2014,16(6):91-94.

[45] 刘晓曼,李强,杜霖,等.车联网中面向安全应用的广播协议的研究[J].电信网技术,2017(06):29-31.

[46] 高爱.车联网技术在交通拥堵治理中的应用文献综述[J].中国市场,2018(30):185-186.

[47] 翟冠杰.车联网体系结构分析及关键技术应用探讨[J].电子测试,2018,404(23):78-79.

[48] 国家智能网联汽车(上海)试点示范区.国家智能网联汽车(上海)试点示范区介绍[EB/OL].(2016-12-03)[2019-01-03].www.anicecity.org/.

[49] Platform:C-ROADS[OL].https://www.c-roads.eu/platform.html.

[50] IMT-2020(5G)推进组[OL].http://www.imt-2020.org.cn/zh.

[51] 日本汽车研究所[OL].http://www.jari.or.jp/.